Ernst Faber

Die Grundgedanken des alten chinesischen Socialismus

Die Lehre des Philosophen

Ernst Faber

Die Grundgedanken des alten chinesischen Socialismus
Die Lehre des Philosophen

ISBN/EAN: 9783743495111

Hergestellt in Europa, USA, Kanada, Australien, Japan

Cover: Foto ©Suzi / pixelio.de

Weitere Bücher finden Sie auf **www.hansebooks.com**

Die Grundgedanken

des alten chinesischen

Socialismus

oder

die Lehre des Philosophen

MICIUS

zum ersten Male vollständig aus den Quellen dargelegt

von

Ernst Faber,
Missionar der Rheinischen Missions-Gesellschaft.

Elberfeld 1877.

Verlag von R. L. Friderichs.

London: Trübner & Comp. 57 u. 59 Ludgate Hill E. C.

Inhalts-Uebersicht.

Vorrede.

Micius, oder Mih Tsi (nach cantonesischer Aussprache Mak Tsi) mit dem Vornamen Teh (Tek) war aus dem Staate Sung, in welchem die Nachkommen der alten Yen Dynastie herrschten. Auch viele Sitten hatten sich aus der alten Zeit daselbst erhalten. (Anal. III. 9.) Micius war, wie es scheint, ein jüngerer Zeitgenosse des Confucius; Während aber Confucius, als Angehöriger des Staates Lu, wo die Nachkommen des berühmten Herzogs Tschao regierten, den erbleichenden Glanz des Herrscherhauses neu zu erhellen suchte, sah Micius in der Gegenwart nur Verderben und Verkehrtheit und suchte deren Abstellung auf ganz andere Weise. Micius ging zwar auch auf die alten Schriften zurück, besonders oft werden die Dokumente und die Lieder citirt, doch weicht der Text manchmal bedeutend von der jetzigen confucianischen Ausgabe ab. Auch die Lehren, welche Micius aus den alten Werken zog, unterscheiden sich wesentlich von den confucianischen.

Ueber die Lebensgeschichte des Micius ist nicht viel bekannt. In dem Werke des Philosophen Licius *) wird er etliche Male erwähnt. So viel scheint gewiss, dass er ein edler, selbstverleugnungsvoller Charakter war, der communistische Liebe nicht nur lehrte, sondern auch in aufopferndster Weise übte.

---

*) Eine vollständige deutsche Uebersetzung der Werke dieses Philosophen mit Anmerkungen befindet sich bereits unter der Presse und wird demnächst erscheinen.

Auch ein geschickter Mechaniker scheint er gewesen zu sein und ein genialer Städtevertheidiger. Fast ein Drittel des Werkes, das seinen Namen trägt, handelt vom Festungsbau und der besten Art der Vertheidigung und giebt die allerspeciellsten Vorschriften darüber. Nach seinem Tode, der jedenfalls einige Zeit vor dem Auftreten des Mencius erfolgt ist, spalteten sich die Anhänger des Micius in drei Schulen, welche sich untereinander befeindeten. Näheres ist jedoch nicht über dieselben bekannt.*) Die Lehre des Kao, mit welchem Mencius häufig disputirte, unterscheidet sich augenscheinlich schon bedeutend von den Aussprüchen des Micius, welche wir hier vor uns haben. Auffallend ist, dass die Lehre des Micius schon seit Jahrhunderten in China so zu sagen verschollen ist. Da Mencius unter die Classiker erhoben und allgemein auswendig gelernt wird, so wirkt sein wegwerfendes Urtheil so auf die Massen des chinesischen Volkes, dass sich Niemand mit dem Erzhäretiker, der keinen Vater mehr anerkennt (Mencius) einlassen mag. Die Werke des Micius sind deshalb jetzt sehr selten. Ich suchte über 10 Jahre in ganz China, ohne ein Exemplar auftreiben zu können, liess daher das Ganze copiren nach Dr. Legge's Exemplar, welches derselbe einmal zufällig bei einem Trödler gefunden hatte. Es ist das die Ausgabe durch Peh-Yun. Kurz vor meiner Abreise aus China 1876, erhielt ich noch eine japanesische Ausgabe in 6 Bändchen von Japan her. Diese enthält jedoch nur den Text, mit einigen geringen Abweichungen, ohne jede Erklärung. In einem grossen Taoistischen Sammelwerke existiren noch zwei Ausgaben des Micius, wie es scheint mit Commentar, dieselben kamen mir jedoch nie zu Gesichte. Dieses Sammelwerk ist ebenfalls

---

*) Man vergl. „Quellen zu Confucius" p. 11, 2.

selten, ein vollständiges Exemplar war vor Jahren im Norden Chinas für 200 Taels (circa 1200 Mark) zu haben.

Uebersetzt ist Micius noch nie in eine fremde Sprache, mit Ausnahme der Abschnitte 14—16 von Dr. Legge in den Prolegomenen zu Mencius. Ich hielt eine vollständige Uebersetzung für unzweckmässig. Micius hat viele recht überflüssige Wiederholungen. Das Werk wäre sehr umfangreich geworden und hätte den Leser nur ermüdet. Man vergleiche z. B. die Abschnitte bei Dr. Legge. Am besten schien es, die Gedanken nacheinander auszuziehen und die Form des Micius dabei möglichst zu wahren. Das ist in vorliegendem Schriftchen geschehen. Deshalb ist es nicht Uebersetzung genannt, sondern eine Darlegung der Grundgedanken des Micius. Es ist dieses der Inbegriff seiner Lehre mit Ausschluss des rein Nebensächlichen. Irgend ein wesentlicher Gedanke wird kaum übergangen sein. Die Anordnung in Abschnitte ist entweder von Micius selber oder von seinen Schülern die seine Lehre zuerst herausgegeben haben. Etliche Abschnitte sind schon längst verloren gegangen. Das Original, wenn auch von Micius Schülern verfasst, stammt aber doch aus dem 4. spätestens dem 3. Jahrhundert vor Christo. Im Han Cataloge wird es bereits erwähnt. —

Die Hinweisungen auf Mencius in den Anmerkungen gelten für das kürzlich publicirte Werk: Eine Staatslehre auf ethischer Grundlage oder Lehrbegriff des Philosophen Mencius, aus dem Chinesischen übersetzt, in systematische Ordnung gebracht und mit Anmerkungen und Einleitungen versehen von Ernst Faber, im Verlage bei R. L. Friderichs, Elberfeld, und Trübner u. Comp. in London.

Neuenahr, August 1877.

Einleitung: Der Socialismus.

Wesen des Socialismus. — Eigentum. — Arbeit. — Arbeiter. — Werth. — Steuern. — Noth der Arbeiter. — Verhältniss von Arbeiter und Arbeitgeber. — Der Arbeiter als politischer Faktor.

Vom Wesen des Socialismus.

Es wird in neuester Zeit viel geschrieben über den Socialismus, so dass bei den Lesern einige Bekanntschaft mit der Materie vorausgesetzt werden kann.

Hat man mehrere Schriften, welche die sociale Frage behandeln, aufmerksam durchgelesen, so findet man schliesslich, dass unser moderner Socialismus doch verzweifelt wenig Grundgedanken ins Feld führt. Man bekommt den Eindruck, derselbe habe sich principiell schon erschöpft. Jedenfalls hat die moderne Form des Socialismus keine Zukunft, auch wenn jetzt deren Propaganda ein fast bedrohliches Aussehn gewinnt. Unruhen können die aufgeregten Arbeiter allerdings hie und da hervorrufen, vielleicht sogar solche von ernsterem Charakter, aber diese Art von Socialismus kann nie und nimmer zum herrschenden Staatssystem werden. Nur in seiner Kritik der vorhandenen Schäden vertritt der Socialismus manche anerkennenswerthen Wahrheiten. Seine eigene Position ist dagegen dürftig, beruht zum Theil auf unklaren Begriffen, auf übereilten Schlüssen und auf trügerischen Phantasiegebilden. Da werden Menschen vorausgesetzt, welche in der menschlichen Societät nie vorhanden sind oder doch nur als sehr seltene Ausnahmen auftreten, es werden Verhältnisse angenommen, welche vielleicht in ganz kleinen Genossenschaften mit Mühe auf kurze Zeit erreichbar sind, niemals aber in einem grösseren, staatlich organisirten Ganzen sich lebensfähig erweisen können. Für einen Staat sind eben doch ganz andere Grundlagen erforderlich. Wir finden ausser

manchen, mehr nebensächlichen, Reformvorschlägen im modernen
Socialismus eigentlich nur das Eigentum und die Arbeit
eingehender behandelt.

Wir wollen es versuchen einige Streiflichter auf diese Punkte
und auf die damit im Zusammenhange stehenden Fragen fallen
zu lassen. Zunächst jedoch ist es wohl nicht unwichtig darüber
klar zu werden, was der Socialismus eigentlich ist, also eine
Definition des Begriffes zu finden. Es ist uns keine genügende
begegnet. Rud. Todt*) sagt: »Der Socialismus ist das Streben
den mit lebhaftem Bewusstsein empfundenen Widerspruch der
heutigen realen wirthschaftlichen Zusammensetzung der Gesellschaft mit dem gewissen Bevölkerungstheilen vorschwebenden
Ideale derselben durch eine neue Wirthschafts- und Societätsordnung zu lösen«. Da wird also das Uebel, das beseitigt werden
soll, in der heutigen realen wirthschaftlichen Zusammensetzung
der Gesellschaft gefunden. Das ist jedenfalls ungeschickt aus-
gedrückt. Die Gesellschaft ist doch nicht rein wirthschaftlich zu-
sammengesetzt. Es soll dann eine neue Wirthschaftsordnung
und eine Societätsordnung an die Stelle gesetzt werden. Also
handelt es sich doch um ein Zweifaches. Die Ordnung der
Wirthschaft könnte man nicht so unmittelbar als Societätsordnung
gelten lassen. Der allerneuste deutsche Socialismus lässt allerdings
eigentlich nur noch den wirthschaftlichen Gesichtspunkt für seine
Societät gelten. Da liegt die augenblicklich imponirende Stärke,
welche sich jedoch bald als tödtliche Schwäche desselben
zeigen wird. Dieser radicale Socialismus ist jedoch nur eine
Art, man möchte fast sagen eine Abart, und nicht der Socialismus
überhaupt. Für diesen ist der wirthschaftliche Faktor ebenso unter-
geordnet, wie für die modernsten Socialisten etwa die Religion.
Der Socialismus als solcher hat es mit der Societät, also

---

*) »Der radicale Socialismus und die christliche Gesellschaft.« Dieses
Buch enthält viel Lesens- und Beachtenswerthes. Wir können ihm aber doch
nicht so ganz beistimmen, es fehlt zu sehr die Klarheit der Begriffe und die
Schärfe der Durchführung. Auch die biblischen Belege sind etwas einseitig,
erschöpfen nicht das in der h. Schrift gegebene Material. Es ist jedoch gut
einen Anstoss in dieser Richtung gegeben zu haben. Hoffentlich folgen bald
ausgereiftere Werke der Art.

mit der Gesellschaft zu thun; er erhebt sich zu um so grösserer
Bedeutung, jemehr Staat und Gesellschaft in scharfer Trennung
einander gegenüberstehen. Der Socialismus ist stets die Ver-
tretung der Gesellschaft gegenüber dem Staate.

Die Ursachen der Trennung von Staat und Gesellschaft können
sehr mannigfaltige sein, und der Socialismus nimmt daher jederzeit eine andere Form an, tritt auch in verschiedenen Staaten
zu derselben Zeit anders gestaltet auf, je nach der staatlichen
Verfassung und Verwaltung und nach den Lebenserscheinungen
der Gesellschaft.

Der Staat wird in seiner Eigentümlichkeit bestimmt durch
seine Verfassung. An jeder Verfassung aber ist der Zustand der
Gesellschaft erkennbar, aus welcher die Verfassung hervorging.
Die Verfassung bleibt fixirt, der Zustand der Gesellschaft ist dagegen ein beständig wechselnder. Der
Wechsel vollzieht sich manchmal langsamer, manchmal auch sehr
rasch. Der Verfassung und einem gleichzeitigen Zustande der
Gesellschaft entsprechen auch die Gesetze. Das sind die
Rechtsnormen, welche ihrem Charakter nach stabil sind. Mit
dem veränderten Zustande der Gesellschaft passen sowohl die
Verfassung als auch viele Gesetze nicht mehr. Die Gesellschaft
fühlt allmählich den Druck derselben und dann den Widerspruch
— das Unrecht. Wir können das Verhältniss unter einem Bilde
anschaulich machen. Die Verfassung entspricht der Grammatik;
die Gesellschaft der gesprochenen Sprache mit ihrer dialektischen
Weiterbildung. Wie nun die altdeutsche oder mittelhochdeutsche
Grammatik nicht mehr für unsere jetzt gesprochene Sprache passt,
so geht es jeder Verfassung und den mit ihr zusammenhängenden
Gesetzen in einer neuen Periode der Gesellschaft. Diese wichtige
Thatsache bildet die Hauptschwierigkeit jeder Staatsregierung und wird dabei leider häufig missachtet.

Die Verwaltung ist allerdings dazu da, die Vermittlung
von Staat (Verfassung, Gesetz) und Gesellschaft herzustellen.
Statt dessen findet sich meistens kaum eine richtige Erkenntniss
der eigentlichen Aufgabe, noch weniger die Macht einer Initiative
zu Reformen. Die Verwaltungsbeamten haben jetzt einfach die
zu Recht bestehenden Gesetze durchzuführen. Regierung und

Volk werden so allmählich zu zwei Parteien, die sich einander reiben, oft sogar befeinden. Diese Gefahr zu meiden, giebt es nur ein Mittel, nämlich: nicht allein für das Volk sondern auch durch dasselbe zu regieren. Nur der absolute Despotismus kann allein von oben herab herrschen wollen. Jede Verfassung als solche garantirt schon der Gesellschaft ihren Antheil an der Regierung des Staates durch Gesetzgebung und Verwaltung. Wäre letzteres im wirklichen Leben in angemessener Weise der Fall, so könnte niemals ein Socialismus entstehen. — Betrachten wir nun kurz die Hauptpunkte des modernen Socialismus.

Eigentum.

Man hat wohl zu unterscheiden zwischen Staatseigentum und Privateigentum. Der Socialismus will, dass alles Privateigentum zunächst zu Communaleigentum und dieses zu Staatseigentum umgebildet werde. Alles Privateigentum, sowohl an Grund und Boden, wie an Maschinen etc. seien Arbeitsmittel. Der Mensch soll nur seine Arbeitskraft als Sondereigentum besitzen. Nun ist es allerdings wahr, dass der Begriff des Privateigentums ein Reflex der Staats- und Gesellschaftszustände ist und mit diesen naturgemäss einer beständigen Veränderung unterworfen sein muss. In den ältesten, besonders den asiatischen, Staaten, war Privateigentum kaum bekannt, oder doch sehr beschränkt. Selbst in Europa hatte der grössere Grundbesitz (Adel) wohl besondere Rechte, aber es lagen ihm dafür auch schwere Leistungen für den Staat ob. So lange die alten Staaten noch wenig bevölkert, auch die Culturverhältnisse noch einfach waren, liess sich der gesammte Bodenbesitz vom Staate als Staatseigentum recht wohl verwalten. Aber es gehörte immer ein strenges absolutes Regiment dazu. Auch ist zu beachten, dass die eigentlichen Arbeiter in den meisten antiken Staaten Sclaven waren. In unseren complicirten Staatsverhältnissen alles Privateigentum in Staatseigentum verwandeln zu wollen, würde schon an der Unmöglichkeit der Ausführung scheitern, dann aber auch für unsere Verhältnisse einen entschiedenen Culturrückschritt bezeichnen. Wir halten es für eine Grundfeste des modernen Staates, dass er dem Privateigentume vollsten Schutz zu Theil werden lässt. Wer sich ein Gut rechtlich erwirbt, muss dasselbe innerhalb des Staates mit aller möglichen Gemüthlichkeit geniessen können. Ein Eigentum zu besitzen und darüber herrschen zu können — das schon giebt dem Menschen ein Hochgefühl seiner Menschenwürde.

Wir dürfen es auch wohl wagen zu sagen, dass es für den Staat einerlei sein kann, wer die Arbeitsmittel besitzt, wenn durch dieselben nur das Entsprechende geleistet wird. Wir wollen uns nicht durch Worte irreleiten lassen. Wenn wir auch zugeben, dass es in den antiken Staaten kein Privateigentum im modernen Sinne gab, so lässt sich doch von allen Staaten nachweisen, dass es eine besitzende Klasse gab, und diese Besitzenden waren stets die Herrscher über die Besitzlosen. Welcher Art der Besitz war, darauf kommt es gar nicht an. Jedenfalls waren die Besitzenden im Besitze von irgend welchen Gütern, welche als Arbeits- wie auch als Genuss-Mittel dienten. Die Nichtbesitzenden waren überall in Abhängigkeit von den Besitzenden. Damit waren jene auch wohl zum Kampf um ihre Existenz genöthigt und zum Ringen mit der besitzenden Klasse um Verbesserung ihrer Lage. Da der Besitz stets fluctuirt, auch neue Formen annimmt, z. B. Grundbesitz (Adel), Capitalbesitz (Bourgeoisie), so kann die Klasse, welche früher durch ihren Besitz die Staatsgewalt hauptsächlich in Händen hatte, durch eine andere Besitzschicht theilweise oder ganz aus ihren Vorrechten verdrängt werden. Die Macht des Besitzes bleibt dabei unverändert, nur die Personen in ihrem Einflusse auf die Staatsgewalt wechseln.*) Ob die Arbeiter durch den blossen Besitz ihrer Fäuste, resp. der Arbeitskraft, den gewünschten Einfluss auf die Staatsregierung erlangen werden, müssen wir abwarten. Ganz abweisen wird man sie wohl nicht können (vergl. Seite 30 ff.).

Jedenfalls bleibt es eine Hauptaufgabe der Staatsregierung, ein wachsames Auge auf diese wechselnden Verhältnisse des Besitzes

---

*) Man vergl. Dr. Rud. Gneist: Der Rechtsstaat.

zu haben, um danach rechtzeitig die bezüglichen Gesetze modificiren zu können. Denn mit jeder Veränderung der Besitzverhältnisse tritt auch eine Veränderung der Leistungsfähigkeit für den Staat ein. So ist in unserer Zeit die Thatsache unverkennbar, dass der Capitalbesitz eine ungleich grössere Macht innerhalb der Staatsgewalt sich errungen hat als er früher besass. Ja man kann sagen, er hat den Grundbesitz überflügelt. Die wirklichen Leistungen der Capitalisten für den Staat stehen jedoch in keinem Verhältnisse zu dem, was früher der Adel dem Staate zu gewähren hatte. Dieses Missverhältniss ist weithin fühlbar, ohne dass bis jetzt eine gründliche Abhülfe versucht worden wäre. Im richtigen Verhältnisse zum früheren Adel sollten eigentlich jetzt die Capitalisten, wenn nicht den ganzen Militäretat, doch den grössten Theil desselben aufbringen, besonders die Börsenspeculanten sollten bestimmte Procente des Gewinnes eines jeden Geschäftes in die Staatskasse abzuliefern haben etc.

Sowie die Leistung für den Staat dem Besitze entsprechend regulirt ist, hört dann auch jede gegründete Verstimmung der Besitzlosen gegen die Besitzenden auf.

Aber auch die Anhäufung des Besitzes ist zu überwachen, besonders gilt das vom Grundbesitze. Trotz der communistischen idealen Auseinandersetzungen können wir dem Communalbesitz nicht das Wort reden. In China giebt es noch viel Gemeindebesitz, aber damit auch der Uebel viele. Der Einzelne wird damit erst recht ein Sclave der Vorsteher dieser Gemeinden, welche für sich immer den Löwenantheil zu gewinnen wissen. Auch wissen sich diese Herren Vorsteher nach manchen Seiten eine Ausnahmestellung zu schaffen, so dass die geringen Leute erst recht die Last der Arbeit haben, während diese Vornehmen alle Annehmlichkeiten der Genüsse für sich wegnehmen. Man möge nicht einwenden, dass wir hier in Europa klüger sein würden. An Klugheit fehlt es den Chinesen durchaus nicht, aber die Sache ist in Wirklichkeit nicht so leicht, wie es sich viele Theoretiker träumen lassen. Unter den modernen Versuchen communistische Ideen durchzuführen, ist der von Seiten der Mormonen wohl am glücklichsten ausgefallen. Sie allein haben

etwas Tüchtiges nach der Seite geleistet.[1]) Der Grund davon
ist, dass sie zugleich von religiösem Fanatismus begeistert waren[2])
und noch sind, und dass sie energische Führer hatten. Aber
auch da herrscht ein Absolutismus wie in keinem andern Staate
der modernen Culturwelt.

Individuelle Freiheit ist nur da garantirt, wo Erwerbung von
Privatbesitz möglich ist und wo dieser Besitz allseitigen Schutz findet.

Die socialdemokratische Forderung der Verwandlung alles
Privateigentums in Staatseigentum und der Organisation der
Arbeit würde in stricter Durchführung den Einzelnen zum Sclaven
des Staates machen, eine etwas veränderte Form des alten Frohn- und
Leibeigensystems herbeiführen. Der Zustand wäre für den einzelnen
Arbeiter nur noch schlimmer, da er nirgends eine Zuflucht, nirgends
Schutz vor dem eisernen und vielleicht manchmal auch ungerechten
Willen der Majorität, resp. des Universalstaates fände. Ein
Recht der Minorität muss ja der Socialistenstaat unbedingt verwerfen. Aufhebung des Privateigentums ist also Aufhebung der
Privatfreiheit. Ob es jedoch praktisch ist, dass sich der Grundbesitz immermehr verkleinert, ist eine offene Frage. Im Allgemeinen steht fest, dass je mehr besitzende Bürger ein Staat
hat, desto solider seine Grundlage ist. Etliche grosse Güter
werden sich immer erhalten, vielleicht auch einige Staatsdomänen,
wenigstens als Musterbetriebe. Der übermässigen Vergrösserung
des Grundbesitzes in der Hand Einzelner sollten jedoch Schranken
gesetzt bleiben. In England und Schottland sind die Verhältnisse
nach der Seite schon abnorm.[3])

Der Begriff des Eigentums als »jus utendi« muss also
aufrecht erhalten werden, als ein sehr solides Fundament

---

[1]) Es ist auffallend, dass in keiner Schrift, welche die sociale Frage
behandelt, des Mormonenstaates auch nur Erwähnung geschieht und doch ist
gerade er sehr lehrreich. Ueber die anders gearteten »Shaker« s. Dr. Niedner's
Zeitschrift 1857, I.

[2]) Selbst Dr. E. Düring, Kritische Geschichte der Nationalökonomie
und des Socialismus 1. Auflage S. 585 sagt, dass »der religiöse Socialismus
in der That auch allein noch einiges Leben verräth«; das gilt nicht allein
von Amerika.

[3]) Etwas anders ist es, wenn sich mehrere Kleingrundbesitzer zu Gross-
betrieb verbinden.

des Staates. Dagegen ist Einspruch zu erheben gegen das »jus abutendi.« Güter die gar nicht oder schlecht bewirthschaftet werden, sind ein Schaden für den Staat, da derselbe so viel weniger Produkte erhält, also so viel Menschen weniger ernähren kann, oder aber sich nicht auf unvorhergesehene Ereignisse genügend durch Vorräthe vorbereiten kann.

Der Staat handelt somit im Interesse der Gesammtheit, wenn er die Volkswirthschaft (die actuelle im eigentlichen Sinne) überwacht, Rathschläge ertheilt, wo nöthig auch mit Zwang einschreitet. Dieses gilt besonders vom Grundbesitz, (auch den Gärten). Doch auch die Verwendung der Capitalien könnte wohl einiger Aufsicht unterworfen werden. Es ist sicherlich nicht zum Vortheile des Staates, wenn durch einen Krach Milliarden verloren*) gehen. Manches liesse sich durch weise Ueberlegung verhüten.

Aus alle dem, was über den Besitz schon gesagt ist, ergiebt sich eigentlich das Recht der Vererbung von selbst. Wer sich etwas auf rechtliche Weise erworben hat, muss das Recht haben darüber zu verfügen. Allerdings ist damit kein schrankenloses Recht gesetzt. Wir würden z. B. das französische Gesetz vom Pflichttheil ganz in der Ordnung finden. Die Eltern sollten ein Kind nicht völlig erblos machen können. Wo eine solche Entfremdung, die dazu veranlassen könnte, eingetreten ist, befindet sich doch wohl die Schuld grösstentheils auf Seiten der Erziehung, also der Eltern. Ferner könnte der Staat für sich einen um so grösseren Procenttheil beanspruchen, als der Erbe in der Verwandtschaft dem Erblasser ferner steht, am meisten wo er ganz fremd ist. Dann könnten diese Procente noch erhöht werden, je nach der Höhe des Vermögens das der Erbe bereits besitzt. Es könnte auch noch ein Aufschlag erfolgen, wenn das Erbe in's Ausland geht. Auf Einzelheiten einzugehen ist jedoch hier wie bei den andern Punkten nicht unsere Sache.

---

*) Eigentlich kann jedoch nur vom Privatstandpunkte aus von Verlust in dem Sinne geredet werden. Vom Ganzen aus betrachtet, wechseln nur die Besitzer. Für die Gesammtsocietät ist es einzig und allein Verlust, wenn die Production stille steht, oder auf falsche Bahnen gerathen ist.

Arbeit.

„Arbeit ist selbstbewusste, mit Mühe verbundene körperliche und geistige Thätigkeit zum Zwecke der Hervorbringung irgend eines Gutes.‹ (Todt). Diese Definition enthält einen sehr unklaren Begriff, nämlich ›irgend eines Gutes‹. Was ein Gut ist, darüber besteht eben grosse Meinungsverschiedenheit. So wollen die Socialisten z. B. nichts wissen von antiquarischen Untersuchungen, auch nichts von Forschungen religiösen oder metaphysischen Inhalts. Da man die Resultate nicht als ›irgend ein Gut‹ für den Socialisten-Staat anerkannt, wird man auch die darauf verwendete Mühe nicht als Arbeit, sondern als Privatliebhaberei ansehen, somit unter die Vergnügungen rechnen. So würde sich Micius, der chinesische Socialist, verhalten haben gegen jede musicalische Leistung, überhaupt gegen alles künstlerische Wirken. Denselben Standpunkt nahmen viele antike Handarbeiter und auch unter den modernen eine grosse Zahl gegen jede Geistesarbeit ein. Ferner arbeiten auch Seiltänzer und Taschenspieler; das Gut, das sie bezwecken, ist das Vergnügen der Zuschauer etc. Liesse man andererseits Jedermanns eigene Ansicht über seine Thätigkeit und, das dadurch bewirkte Gut gelten, so könnte sich der Verbrecher auch wohl als Arbeiter rechtfertigen, etwa in der Weise wie Moor (Schillers Räuber). Es wäre der Satz also dahin zu ergänzen: ›irgend eines Gutes, das zur Erhaltung oder Veredlung der Menschen dient.‹ Das ist selbst auf den Scharfrichter anwendbar, denn indem durch seine Arbeit der Mörder hingerichtet wird, bezweckt sie die Erhaltung anderer Menschen und der Gesellschaft überhaupt.

Ein anderer, häufig gebrauchter Satz ist aber entschieden falsch. Es wird gesagt: Die menschliche Arbeit ist Auswirkung des ganzen Menschen, der Mensch selbst. Dann gäbe es also ausser der Arbeit nichts Menschliches mehr für den Menschen, und der geplagteste Arbeiter hätte ja das menschenwürdigste Dasein. Jeder Mensch hat jedoch ausser der Arbeit auch seine Freuden und seine Leiden, ausser der Thätigkeit auch seine Ruhe, ausser dem Hervorbringen empfängt er auch irgend etwas. Die Socialisten kämpfen ja gerade dafür, dass der Mensch nicht in der Arbeit aufgehen soll, dass die Arbeit ein immer kleinerer Bruchtheil des menschlichen Daseins werde. Auch kann man den Satz nicht damit rechtfertigen, dass die Arbeit, so lange sie währt, permanente Kraftausgabe ist, in welcher der ganze Mensch sich selber ausgiebt. Es findet sich äusserst selten eine Arbeit, welche den Menschen so allseitig in Anspruch nähme, dass er ganz darin aufgehen könnte. Es werden immer nur einzelne Seiten des menschlichen Wesens in Anspruch genommen und das gerade macht entsprechende Erholung nöthig, um auch andere Seiten die dort ruhten in Thätigkeit zu setzen, und jene die thätig waren, ruhen zu lassen.

Eigentümlich ist, dass der Socialismus so viel dagegen einzuwenden hat, dass »die Arbeit zur Waare« geworden sei. Rein wirthschaftlich genommen, ist ja der Satz ganz richtig und die Thatsache kann nicht wohl anders sein. Der Käufer hat nichts zu thun mit dem Process der Hervorbringung irgend einer Waare, sondern sucht diese selbst, also das Resultat der Arbeit. Wenn ich mir Schuhe bestelle, so habe ich ein Interesse daran, dass sie gut passen und dauerhaft sind, dass sie überhaupt ihrem Zwecke möglichst entsprechen. Was soll die moralische Verpflichtung gegen den Arbeiter besagen, etwa, dass ich eine verpfuschte Arbeit annehme? Durchaus nicht! Es giebt leider solche Arbeiter, die da meinen, wenn sie schöne Phrasen machten, so müsse man zufrieden sein mit der erbärmlichsten Arbeit. Es ist also wichtig die ethische Auffassung der Arbeit genauer zu bestimmen. Jedenfalls sollte es sich jeder Arbeiter zur Pflicht machen die grösste Vollendung seiner Arbeit nach allen Seiten zu erstreben, um alle billigen Ansprüche des Arbeitgebers zu befriedigen. Das geschieht in unseren Tagen leider gar sehr selten. Ueberall herrschen Klagen über grosse Unzuverlässigkeit der Arbeiter und ihrer Arbeiten. Verfälschungen und Betrügereien sind überall an der Tagesordnung. Da liegt die Unsittlichkeit der Arbeit, welche es vor allen Dingen zu beseitigen gilt. Auf Seiten des Arbeitgebers resp. Käufers sind allerdings billige Rücksichten zu fordern, die man besser selber in jedem Falle fühlen, als einzeln für alle Fälle aufstellen kann. Man sucht oft den Sitz der hier berührten Uebel in den verschiedenen Gewerbeordnungen, oder in der Gewerbefreiheit. Wir halten völlige Gewerbefreiheit für die Gesellschaft von den segenreichsten Folgen, wenn es dem Staate gelingt der Betrügerei kräftig zu steuern. Keine Fälschung der Waaren sollte unter irgend einem Vorwande gangbar werden können. Wird jede Waare als das ausgeboten was sie wirklich ist, so hat der Käufer seinerseits seine volle Freiheit dieselbe zu nehmen oder stehen zu lassen. Unter dieser Voraussetzung wäre es auch am besten alle Arbeit innerhalb der Societät, also z. B. auch ärztliche Praxis, Lehranstalten etc. freizugeben. Jedenfalls ist es inconsequent die Presse freizugeben, und auch öffentliche Vorträge Jedermann zu gestatten, dagegen für regelmässiges Unterrichtertheilen in Elementarfächern etc. ein vorhergegangenes Examen zu fordern. Für Anstellung an Staatsanstalten ist das wohlbestandene Examen als conditio sine qua non empfehlenswerth; für den Privatbedarf ist diese ängstliche Bevormundung weder dienlich zum Besseren, noch zur Förderung der harmonischen Beziehung von Staat (Regierung) und Gesellschaft.

Für den Staat liegt das grösste Interesse darin, dass von allen arbeitsfähigen Gliedern des Staates auch gearbeitet wird, dass sich Jedermann an irgend einer Produktion mit Geist oder Leib, oder mit beiden zugleich betheiligt. Ferner ist es wichtig darüber zu wachen, dass die Arbeit nicht zum Deckmantel der schamlosesten Betrügerei werde, wodurch der Arbeiter den Empfänger der Arbeit ausbeutet. Es gilt auch darüber zu wachen, dass die Arbeit nicht ausartet, dass also nicht von den vorhandenen Arbeitskräften zu viele Procente absorbirt werden durch nichtsnutzige Arbeiten, welche weder das materielle Wohl noch die geistige Veredlung der Menschen bezwecken. Das geschieht in allen übercivilisirten und halbcivilisirten Ländern zum Schaden der Gesellschaft.

Ferner gilt es zu wachen, dass die ungesunden Arbeiten, wodurch die Arbeiter bald dem Siechtume anheim fallen, möglichst beschränkt werden. Jedenfalls wäre besser Sorge zu tragen für geeignete Vorbeugungsmittel.

Einige andere Punkte werden noch im nächsten Abschnitte berührt.

Arbeiter.

Gewöhnlich findet man in den Schriften der Socialisten und ihrer Gegner diesen Begriff ganz abstract gebraucht, oder man denkt vielmehr an eine gewisse Klasse von Arbeitern, während man sich ganz allgemein ausdrückt.*) Viel Missverstand rührt daher. Arbeiter ist eigentlich jeder der irgend eine Arbeit verrichtet. Der Romanschreiber ist eben auch bis jetzt, so lange Romane als Lektüre praktisch anerkannt werden, ein Arbeiter. Er könnte also die ganze Litanei über Ausbeutung seiner Arbeitskräfte von Seiten des Publikums, über ehernes Lohngesetz etc. anstimmen, wenn er nicht so viel Honorar erhält, als ein Regierungspräsident Gehalt bezieht. Ebenso der Nachtwächter, der Zeitungsschreiber, der Comödiant etc. für ihre Leistungen. Es giebt Arbeiter auf den Bureaux, technische, kaufmännische etc. welche eine circa zehnmal höhere Einnahme haben, als mancher selbstständige Handwerker, welcher den vollen Ertrag seiner Arbeit einsteckt. Im Kleingewerbe sind die Arbeiter resp. Gesellen immer nur eine zeitlang in diesem Verhältnisse, es ist ein Durchgangspunkt, sie werden später selbständig. Diese Arbeiter (Gesellen) heiraten fast ausnahmslos erst mit dem Beginne eines eigenen Geschäftes. Auch ist der Unterschied des Lohnes bei verschiedenen Geschäften ein grosser. Ebenso ist es in den verschiedenen Fabriken. So ist es auch bei allen Beamten, beim Militär etc., sie sind Arbeiter verschiedenen Ranges — selbst der Kaiser ist ein Arbeiter. Gilt etwa von allen diesen Arbeitern das eherne Lohngesetz? Der Unsinn eines solchen sogenannten Gesetzes leuchtet sofort ein. Nur die Tagelöhner sind überall so gering gestellt. Man kann vielmehr ein Gesetz aufstellen und sagen: der Arbeiter steht um so höher, je mehr Geist er zu seiner Arbeit aufzuwenden hat und um so tiefer, je weniger das der Fall ist; je nachdem nur die physische Kraft oder auch eine gewisse Geschicklichkeit in Betracht kommt. Es ist dieser Unterschied

---

*) Eine Ausnahme macht Georg M. Calberla: Karl Marx, »Das Capital« und der heutige Socialismus. Er unterscheidet jedoch hauptsächlich das verschiedene Quantum der Arbeitskraft, während wir hier mehr die Verschiedenheit der Qualität derselben hervorheben. Es ist Beides zu berücksichtigen.

wichtig. Nach allen Auslassungen der Socialisten etc. über Arbeiter scheint sich das nur auf Tagelöhner resp. Handlanger zu beziehen. Da allein kann man von dem ehernen Lohngesetze reden. Gilt von diesen, dass sie ausreichend haben, ihre Existenz zu fristen und eine Familie zu erhalten, wie viel mehr muss das bei den Fabrikarbeitern etc. der Fall sein, welche das Dreifache bis Zehnfache etc. eines Handlangers verdienen.

Weiter ist zu bedenken, dass alle Arbeiter nicht sofort heiraten, auch diejenigen, welche etliche Jahre Lehrzeit zu überstehen haben, sind hernach gewöhnlich noch etwa 10 Jahre als ledige Arbeiter thätig. Reicht nun der Lohn aus zum Unterhalte einer ganzen Familie, so muss der ledige Arbeiter sparen können. Er kann es auch, wenn er will. Leider aber suchen die meisten jungen Leute ihre Ehre darin recht flott zu leben, am Sonntage „drauf gehen zu lassen", was in der Woche verdient worden ist. Später sind sie ein solches Leben gewohnt, und dann reicht natürlich der Lohn, der für die eigene Person oft zu gering war, nicht für eine Familie. Die Liederlichkeit ist leider, namentlich bei den deutschen jungen Leuten, gross. Da sitzt der faule Fleck, der socialistisch zu entfernen ist.

Man spricht viel vom »vollen Ertrage« der Arbeit für den Arbeiter. Auch das ist unklar gedacht. Nehmen wir ein Dampfschiff zur Illustration. Da giebt es einen Eigentümer, der das Capital von etlichen Hunderttausend Thalern darin stecken hat, von dem auch meistens der Gedanke zu dem Unternehmen stammt, es sind ein Capitän, mehrere Officiere vom 1. bis 4. Range, Maschinisten ebenfalls oft 4 verschiedener Grade, Heizer, Bootsleute verschiedenen Grades und Matrosen, ausserdem Köche, Stewards, vielleicht auch ein Arzt u. a. Dienstpersonal an Bord. Der Schiffsherr hat auch seine kaufmännischen Beamten, Buchführer, Comptoristen etc. Auf dem Schiffe hat der Capitän die wenigste Arbeit und das meiste Gehalt, so ist es auf allen Stufen. Soll nun der Ertrag nach Normalarbeitszeit vertheilt werden? —

Weiter ist der volle Ertrag erst nach längerer Frist zu ermitteln. Es vergehen gewöhnlich Monate, oft ein Jahr, bis derselbe festzustellen ist. Sollen etwa die verschiedenen Arbeiter so lange fasten, oder soll Vorschuss geleistet werden? Dieser

Vorschuss repräsentirt wieder ein Capital, das doch wohl auch Zinsen zu tragen hat. Wie nun, wenn der Ertrag in einem Minus besteht? oder wenn der Verlust so bedeutend ist, dass er zum Bankerott führt? Dergleichen wird von den Zukunftstheoretikern gar nicht berücksichtigt. Jetzt steht sich der Arbeiter doch noch besser, er hat sein Theil sicher zum Voraus. Das Risiko der Capitalspeculation ist gar keine Kleinigkeit, namentlich in neuester Zeit, wo so viel zusammenbricht. Der Arbeiter, der höhere sowohl als der geringste, kann sich als solcher nicht abhängig machen von den Gefahren des Ertrages. Besser also, man lässt den socialistischen Zukunftsstaat mit seinen Normalarbeitstagen den Spatzen und ihren Jungen, aber auch davon würden die meisten verhungern, wenn sie nicht nach dem ehernen Lohngesetze ihre Existenz fristeten. Hierher gehört auch die Feststellung dessen was man unter Werth zu verstehen hat.

Der Unterschied von Tauschwerth und Gebrauchswerth ist schon längst festgestellt. Aber der streitige Punkt ist heute noch, ob die menschliche Arbeit die alleinige Werthbildnerin ist oder nicht. Die Socialisten operiren da wieder mit ihren besonderen, derzeit und auf ewig abstrakten Ideen. Sie haben offenbar einen Werth im Sinne, welcher gesellschaftlich fixirt ist. Denn es giebt auch einen individuell bestimmten Werth. Sogar ein gesellschaftlicher Werth, der jetzt wohl der gewöhnliche ist, muss von den Socialisten verworfen werden, nämlich, wenn derselbe nicht ausschliesslich durch den Nutzen für die Gesellschaft bestimmt wird. Es wird dagegen eingewendet, dass Luft und Wasser von grösstem Nutzen resp. Gebrauchswerth, aber von keinem Tauschwerth für den Menschen sind. Es ist der Einwand nur scheinbar stichhaltig, da das nur der Fall ist, wo sich Luft und Wasser von selber im Ueberfluss darbieten. Wo indessen Mangel daran ist, werden sie sofort als Waare behandelt. Man denke an die Wasserleitungen, an Heilquellen, an Wohnungen mit gesunder Luft, die durch diese Luft bedeutend höheren Werth erlangen als andere in ungesunder Lage, natürlich unter sonst gleichen Verhältnissen. Der Eigentumsbegriff spielt ebenfalls mithinein in den Werthbegriff. Man kann sagen, beide Begriffe gehören zusammen. Denn der Tausch setzt das

Privateigentum voraus. Was ich mir zu eigen machen kann, das erhält dadurch einen besonderen Werth, wenn nämlich andere Menschen ebenfalls das Bedürfniss empfinden diesen Gegenstand als Eigentum zu besitzen. Es ist dieses eine Betrachtung, welche zu einigem Resultat in dieser Frage auch den Socialisten gegenüber führen könnte. Zum Eigentum macht sich der Mensch jedoch nur das, was ihm in irgend welcher Weise dient, also nützt, dessen Quantität dazu keine unbeschränkte ist, also das, was vertheilbar ist. Wir fahren also jedenfalls besser, wenn wir den Werth nicht auf die Arbeit, sondern zunächst auf das Eigentum zurückführen. Die Arbeit selber bedarf dagegen der näheren Bestimmung. Es kann sich Jemand Wochen, ja Jahre lang abarbeiten, ohne dass seine Waare für die Gesellschaft irgend welchen Werth hätte. Welchen Werth hat z. B. die schwere Arbeit, welche Jemand auf ein perpetuum mobile verwendet, das er nie zu Stande bringen kann? Oder es baut Jemand ein Haus an einem unpraktischen Orte. Macht da etwa die auf das Haus verwendete Arbeit dessen Werth aus? Keineswegs. Der Werth von Gebäuden steht selten im geraden Verhältnisse zur Arbeit, die darin verkörpert ist. Oder man denke an Waaren, die umgearbeitet werden mussten, oder mehrmals reparirt worden sind. Es ist jetzt doppelt ja dreifach etc. soviel Arbeit in ihnen verkörpert, also müssten sie auch den doppelten, dreifachen etc. Werth haben. Die Socialisten haben nur dann einigermassen Recht, wenn jede Waare nur Mittel für den gesellschaftlichen Nutzen ist. Repräsentirt die Waare dann nichts anderes als die verkörperte menschliche Arbeit, so müssen sich auch Gebrauchswerth und Tauschwerth einander decken, dann liesse sich die Arbeit auf ein bestimmtes Quantum von Normalarbeitstagen fixiren. Der Gebrauchswerth ist jedoch an sich eben so relativ wie der Tauschwerth. Beide würden aber durch diese Zurückführung auf die Einheit der Arbeitszeit ausgeglichen. Diese Ausgleichung wird jedoch als eine permanente, d. h. unveränderliche gedacht. Damit würde wieder eine Tyrannei geschaffen, die wohl kaum für etliche Wochen ertragen werden könnte. Wollte man allen veränderlichen Einflüssen Rechnung tragen, so dürften die Herren Vorsteher wohl unausgesetzt am Rechnen bleiben und vielleicht allwöchentlich neue Normalarbeitstag-Tabellen zu veröffentlichen haben. Die wirklich genialen Arbeiter möchten auch übel ankommen mit irgend einer Arbeit, welche nicht genau passte zur Schablone der Nützlichkeit des Ausschusses, der die Arbeiten nach Normalarbeitstagen zu taxiren hätte. Privatcapitalien giebt es im Socialstaate nicht mehr, so dass so ein armer Erfinder übel dran wäre. Vielleicht aber werden auch Leute angestellt, welche als tägliche Normalarbeitstagleistung so und so viele neue Erfindungen zu machen hätten!

Am werthlosesten würde jedoch das Papiergeldsystem sein. Die Arbeiter selber würden sich wohl auf derbe Weise dafür bedanken.

Die Steuern seien hier nur in wenigen Worten erwähnt. Es ist oben bei Besprechung des Besitzes schon der entsprechenden Gegenleistung an den Staat, also der directen Steuer gedacht worden. Wir möchten diese jedoch nicht allein auf den Besitz beschränken, sondern, was fast noch wesentlicher ist, auch auf den Genuss. Wir denken dabei nicht an den Genuss im weiteren Sinne, wodurch den Sinnen irgend ein Wohlbehagen gewährt wird, sondern im engeren Sinne, Genuss irgend einer besonderen Anstalt des Staates, z. B. der Rechtsprechung. Oder soll das Recht sein, dass der friedliche Bürger die Processkosten für streitsüchtige Nachbarn trägt, der Rechtschaffene für die ungerechten Glieder der Gesellschaft die Gerichtskosten bezahlt? *) So ist's auch mit anderen öffentlichen Anstalten: Post, Eisenbahnen, Landstrassen. Es möchte dieses auch von der Marine zum Schutze des auswärtigen Handels gelten. Der Staat hat die Kosten zu tragen, d. h. jeder Bürger. Eine Anzahl Kaufleute jedoch, welche Seeschiffe in die Welt schicken, haben den Haupt-

---

*) Dieses gegen Schäffle. Das völlig freie Gerichtsverfahren würde nur die Händel mehren. Natürlich sollen die Kosten nicht dem Kläger, sondern dem schuldigen Theile zur Last fallen. Bei Collision von verschiedenen Rechten, wo der Richterspruch erst feststellen muss, was als Recht zu gelten hat, könnte eine Ausnahme gemacht werden, und in ähnlichen Fällen, wo keine eigentliche Rechtsverletzung vorliegt. Bei anderen Anstalten, deren vielseitigste Benutzung zum Besten der Einzelnen und der Gesammtheit dient, ist ebenfalls freier Gebrauch entsprechend.

gewinn davon und schwelgen mit fürstlichem Aufwande. Diese
Herren setzen alle Hebel in Bewegung, den Schutzzoll zu beseitigen, was wiederum ihnen hauptsächlich zu Gute käme. Berechnet
ein Staat, was die Consulate im Auslande kosten, was die dort
stationirten Kriegsschiffe, und was die mancherlei Verwicklungen
in Anspruch nehmen, so ergiebt sich eine grosse Summe, welche
jährlich aus dem Staatsschatze bezahlt wird. Diese Summe würde
erspart, wenn der Seehandel durch eine andere Nation vermittelt
würde. Findet man das unstatthaft, so sollten die direct am
Seehandel Betheiligten auch so viel an directen Steuern aufbringen
können, jene Unkosten vollständig zu decken. In diesem und in
allen anderen Fällen wäre als Regel zu befolgen: Wer irgend
etwas vom Staate in besonderer Weise geniesst, der
hat auch in besonderer Weise dafür zu bezahlen, womöglich so viel, dass die Herstellungskosten gedeckt werden
können. — Die Ausnahmen können hier nicht besprochen werden.

Was die indirecten Steuern anbetrifft, so ist uns die
Polemik der Socialisten dagegen unverständlich. Das eherne
Lohngesetz vorausgesetzt, ist es doch ganz gleich, wie viel der
Arbeiter vom Lohn an den Staat abzugeben hat, da das der
Arbeitgeber zu ersetzen hat, der es auf die Waare schlägt. Der
Arbeiter muss stets so viel erhalten, dass er für seine Person
und Familie die Existenz fristen kann. Gebraucht er dazu monatlich
10 Thaler, hat aber 2 Thaler Steuer zu tragen, so muss er nach
dem ehernen Lohngesetze 12 Thaler Lohn erhalten, denn sonst
hätte er statt 10 Thaler nur 8 zum wirklichen Verbrauch, also
nur $^4/_5$ seiner Existenz etc. Dies erstreckt sich auch auf alle
versteuerten Waaren, welche der Arbeiter für sich gebraucht, der
Arbeitgeber muss sie eben bezahlen. Nach dem ehernen
Lohngesetze bezahlt der Arbeitgeber alle indirecten
Steuern, und der Arbeiter gar nichts, da er immer nur das
Nöthige für seine Existenz in Händen hat. Vom Arbeitgeber
vertheilt sich dann der Betrag der indirecten Steuern auf die
Consumenten der Waaren, mit Ausschluss der Arbeiter. Die
Arbeiter stehen sich somit eben so gut bei den indirecten Steuern,
als bei den directen, die sie gar nicht treffen. Der Staat steht
sich aber besser. Alle Steuern auf directem Wege zu erhalten,

würde sich zunächst als eine Unmöglichkeit erweisen. Der Staat kann eben nicht nur mit sich allein rechnen, sondern hat beim Steuersysteme auch die anderen Staaten, mit welchen er in irgend einer finanziellen Beziehung steht, mit zu berücksichtigen. Nur directe Steuern sind jedoch, aus den oben angeführten Gründen ebenfalls nicht zu empfehlen. Selbst wenn die Armee, die Marine und theilweise die Justiz aus directen Steuern unterhalten würden, so bliebe doch noch viel für Culturzwecke zu leisten. Ja es wäre zu wünschen, dass dafür dem Staate noch mehr Geldmittel zu Gebote ständen.

Man darf sich durch mancherlei Geschrei über Steuerdruck nicht irre machen lassen. Der Staat hat zu prüfen, ob das bei Einzelnen im Verhältniss zum Ganzen der Fall ist und dann Linderung eintreten zu lassen. Gewöhnlich aber findet man die allgemeine menschliche Schwäche zu Grunde liegen, dass Jeder die Last dem Andern zuwälzen möchte. Darin ist kein Unterschied zwischen Hans und Peter.

Die Noth der Arbeiter ist sicherlich nicht durch die indirecten Steuern veranlasst. Drückend sind gar manchmal die directen Abgaben, da müsste öfter den Umständen Rechnung getragen werden. Auch die theure Wohnungsmiethe ist drückend. In grossen Städten lässt sich letzterem Uebel jedoch nicht anders abhelfen, als wenn der Theil der Bevölkerung, welcher nicht durch seine Geschäfte an die Stadt gebunden ist, hinaus zieht aufs Land oder in die Vorstädte. Damit würde Raum geschafft. Man könnte das durch entsprechenden Steuerdruck auf diese Klassen der Stadtbevölkerung wohl erreichen. Jedenfalls sollten diejenigen, welche eigentlich zum Vergnügen in der Stadt wohnen, den grössten Theil der Communallasten tragen. Im Allgemeinen muss man sagen, dass die Noth mancher Schichten der Bevölkerung durchaus nicht schwer abzustellen wäre, wenn sich die einflussreichen Klassen dieser Aufgabe angelegentlich annehmen würden. Man muss zugestehen, dass alle Arten von Lebensmitteln, dass überhaupt Alles, was zur menschlichen Existenz, ja zu einem gewissen Wohlbehagen (Comfort) der Menschen dient, in reichem Maasse vorhanden sind. Es handelt sich nur um eine entsprechende Distribution. Zur Gleichmässigkeit derselben dient am meisten, wenn die besitzenden Klassen sich in ihren Genüssen beschränken und ihren Ueberschuss und Ueberfluss zum Wohle ihrer Mitmenschen in irgend einer Weise verwenden. Dasselbe gilt aber auch von den Arbeitern. Der Zweck des Lebens darf nicht im Mitmachen der Genüsse der Wohlhabenden gesucht werden, sondern in der Frische und Zufriedenheit von Leib und Seele. Diese Gesundheit von Körper und Geist der Unterthanen muss der Staat mit allen Kräften zu fördern suchen und stets darauf bedacht sein, alles Störende zu entfernen.

Aus diesem Grunde ist eine strengere Ueberwachung der Presse zu empfehlen. Nicht dass die Forschung gehemmt oder das freie Bekenntniss der Wahrheit und einzelner Wahrheiten, die oft sehr missliebig sein können, unterdrückt werden sollten. Im Gegentheil — dergleichen ist zu unterstützen, da es wesentlich zum Besten des Staatslebens dient. Auch verschiedene Parteiansichten und scharfe Critik an einander sollen unbehindert bleiben. Kampf muss in der Welt sein, so lange es noch menschliche Beschränktheit und Sonderinteressen giebt. Was jedoch von den Gebildeten immer mehr überwunden werden sollte, ist die Gehässigkeit des Tones, das Schüren von Misstrauen und Feindschaft. Man mache Ernst mit der Humanität, da ja doch Jeder meint, dem Gegner an Bildung mindestens gleich zu stehen, man suche ihn durch wahrhaft anständige, respectable Behandlung zu übertreffen, zeige, dass Humanität und Bildung Realitäten, nicht leere Phrasen sind.

Auch der Socialismus wird gewinnen, wenn er die »allgemeine Liebe«, welche er predigt, auch im Verhalten gegen die Gegner und gegen alle anders Gesinnte wirklich kundgiebt. Man nennt **Jesum Christum** auch wohl einen Socialisten, und er ist der edelste gewesen, der je den Boden dieser Erde betreten hat. Er blieb unerschütterlich fest als Vertreter der Absicht des Himmels (um mit Micius zu reden), und seine »allgemeine Liebe« wirkt immer noch fort zur friedlichen Lösung der socialen Fragen und zur bleibenden Glückseligkeit aller seiner Anhänger.

Das Verhältniss von Arbeitgeber und Arbeiter.

Für die Arbeit ist kein anderes sittliches Verhältniss denkbar, als dass der Arbeiter sich angelegen sein lässt gut zu arbeiten. Je mehr er sich in seinem Berufszweige vervollkommnet, desto mehr Werth erlangt seine Arbeit und damit der Arbeiter selber, er wird unabhängiger von den Arbeitgebern. Ist der Arbeiter zugleich ein allseitig zuverlässiger Mensch, mässig und nüchtern, höflich und anständig, treu und redlich, so wird kein Arbeitgeber ihn gerne entlassen. Ist er ein selbständiger Arbeiter, so werden die Kunden gerne mit ihm verkehren. Wenn der Arbeiter seine Mussestunden fleissig benutzt, sich auch geistig weiterzubilden, wenn es an seiner Person wie an seiner Arbeit ganz ungesucht zu Tage tritt, dass er ein intelligenter Mensch ist, so wird er sich unwillkürlich die Achtung derer erwerben, mit welchen er zu verkehren hat. Solche Arbeiter werden nie Ursache finden, sich über das eherne Lohngesetz zu beklagen. Will man den Arbeitern wirklich aufhelfen und die sociale Frage nach dieser Seite zu einer gründlichen Lösung bringen, so kann es nur durch ernste Einschärfung obiger Sätze geschehen. Jeder Arbeiter muss die Wahrheit derselben anerkennen, und jeder könnte dieselben in eigener Person verwirklichen, wenn er nur wollte.

Die angepriesenen Mittel der Socialisten dagegen führen in's Verderben. Was hilft der höhere Lohn resp. volle Ertrag, wenn derselbe sofort vergeudet wird? Was nützt die verkürzte Arbeitszeit, wenn die Sauf- und Lungerzeit dadurch nur verlängert wird? Wie wenige Procent giebt es unter den Arbeitern, welche es verstehen von diesen Vortheilen einen edlen und für sie nützlichen Gebrauch zu machen? Viele Arbeiter müssten zunächst auf irgend welche Art zum Sparen gezwungen werden, und auch durch Zwang wären sie anzuhalten, einen Theil der freien Zeit zu geistiger Fortbildung zu benutzen. — Früher war das Verhältniss von Arbeitgeber und Arbeiter ein familiäres. Das ist jetzt ziemlich allgemein abhanden gekommen, vielfach auch unmöglich geworden. Die Arbeiter, namentlich die ledigen, haben selten einen einigermassen gemüthlichen Raum, wo sie ihre freien Stunden für sich in nützlicher Weise zubringen könnten. Viele werden dadurch eigentlich genöthigt die Wirthshäuser aufzusuchen und kommen allmählich auf die liederliche Bahn. Es giebt zwar jetzt mancherlei Vereine, aber wenig Arbeitgeber kümmern sich darum. Das ist ein Punkt, der den Arbeitgebern mehr aus Herz gelegt werden sollte. Gutes Beispiel würde darin viel wirken. Die meisten Vereine für junge Leute kranken, weil so sehr selten ältere, gediegene Männer activen Antheil nehmen. Dafür sind jedoch Arbeitgeber viel besser geeignet, als Pastoren und Lehrer. Aber es gehört ein Herz voll Liebe für die Arbeiter dazu.

Wo die Eigentümlichkeit der Arbeit dem Arbeiter eine spätere Selbständigkeit unmöglich macht, sollten die Arbeitgeber der Familiengründung der Arbeiter im geeigneten Alter allen Vorschub leisten. Es wäre vielleicht sogar vortheilhaft, wenn den ledigen Arbeitern etliche Procente vom Lohne eingehalten und auf einer Sparkasse angelegt würden, so dass sie ein kleines Capital zum Beginn ihres Hauswesens hätten. Denen die sich nicht verheiraten, könnte es eine Beihülfe für's Alter werden. Der Arbeiter mit Weib und Kindern ist viel gebundener an den Arbeitgeber, wird deshalb aufmerksamer und fleissiger sein und wenig Neigung zu Excessen zeigen. Auch für den Staat sind Arbeiterfamilien der fruchtbarste Boden physischer Kraft. Wo die oberen Schichten nicht immer wieder Nachschub von unten her erhalten, nimmt das Siechtum und die Sterblichkeit innerhalb derselben überhand.

Aber die Arbeiterfamilien bedürfen mancherlei weiterer Fürsorge. Zunächst einer gesunden, und wenn auch bescheidenen, doch gemüthlichen Wohnung. Es ist im Interesse des Staates zu veranlassen, dass dafür allgemein gesorgt wird, sei es von den Arbeitgebern oder auf andere Weise. Ferner fordert es die Menschenliebe dass der Arbeitgeber soviel nur möglich Antheil nimmt an dem Ergehen der Arbeiterfamilien, denselben mit Rath und That beisteht, auch wohl dann und wann den Frauen und Kindern eine Freude bereitet. Das ist der Weg die Herzen zu gewinnen. Durch einzelne üble Erfahrungen darf man sich nicht abschrecken lassen. Man wird mit dem Endresultate wohl zufrieden sein.

Frauen- und Kinderarbeit sind, in soweit sie ein gesundes Familienleben stören und die Erziehung erschweren, gesetzlich zu verbieten.

Ueberhaupt ist es eine wichtige Aufgabe des Staates, darüber zu wachen, dass der Stärkere den Schwächeren nicht übervortheile. Fehlt den Arbeitgebern der menschenfreundliche Sinn, so wird es allerdings nöthig auf irgend eine Weise Abhülfe der eingerissenen Uebelstände zu ermöglichen.

Früher hat sich die christliche Kirche der Armen und Schutzlosen angenommen. Denn der Staat ist durch seine Rechtsinstitute gebunden, kann sich nicht so frei bewegen, dass er den Uebeln in ihrer Entstehung schon begegnen könnte. Erst wenn ein Uebel in gröserem Maassstabe zum Ausbruche gekommen und wenn eine Majorität zur Einsicht darüber gelangt ist, kann der Staat einschreiten. Es ist dann aber gewöhnlich schon viel verdorben. Seitdem die Kirche von einem Gesellschaftsinstitut zu einem Staatsinstitut geworden ist, deckt sie sich viel zu sehr mit der Sphäre des Staates und hat aufgehört Organ der christlichen Gesellschaft zu sein. Vorschläge zum Bessern siehe bei Todt.

Der Arbeiter als politischer Faktor.

Man hört jetzt allgemein, jeder Arbeiter habe seine Pflichten für den Staat, Steuer, Militärpflicht etc., deshalb müsse auch jeder Arbeiter seine Rechte haben innerhalb des Staatsganzen. Man muss die Gerechtigkeit dieser Forderung zugeben. Es handelt sich eigentlich hauptsächlich um Bestimmung der Rechte. Fordern die Arbeiter gleichen Schutz für Person und Eigentum, wie jeder andere Staatsbürger — wohl! Sie haben ein Recht darauf und geniessen diesen Schutz ja auch in vollkommener Weise. Wollen die Arbeiter gleiches Recht vor dem Gesetz und dem Richter mit jedem andern Staatsbürger — so ist auch diese Forderung willig anzuerkennen, — und die Arbeiter geniessen ja auch dieses Recht. Man fordert jetzt aber auch gleiche Rechte auf die Regierung des Staates, also Theilnahme an der Gesetzgebung, der Verwaltung und Rechtsprechung des Staates. Das ist eine abenteuerliche, mindestens eine unklare

Forderung. Es kommt uns vor, wie wenn eine Schiffsmannschaft gleiche Rechte verlangte, so dass jeder Mann einige Tage Capitain, Maschinist, dann wieder gemeiner Matrose etc. wäre; oder in der Armee der gewöhnliche Soldat gleiches Recht mit dem Generalstabe beanspruchte. Wie in diesen Fällen den Matrosen und Soldaten, so fehlt auch den Arbeitern zur Theilnahme an den höchsten Staatsfunktionen jede Befähigung. Es gehört dazu mehr als nur ein tüchtiger Arbeiter mit verhältnissmässiger Arbeitskraft zu sein. Der Arbeiter kann durch entsprechende Bildung höchstens dahin kommen seine eigenen Interessen zu verstehen. Die Interessen des einzelnen Arbeiters und der Gesammtheit der Arbeiter sind aber noch lange nicht gleich den Interessen des Staates. Dass man beide als gleich voraussetzt ist eben einer der Grundirrtümer der Socialdemokraten. Die wohlverstandenen Interessen sind noch lange keine Rechtsgrundsätze. Die Interessen sind in fortwährendem Schwanken und Wechsel begriffen. Ein Staat der sich davon leiten liesse würde allen festen Halt verlieren. Es macht sich dieser Uebelstand leider schon in manchen modernen Staaten fühlbar. Sichtbar tritt der Einfluss in der ungeheuerlichen Gesetzgebung der neuesten Zeit zu Tage. Während die Gesetze gerade das Unveränderliche, den stetigen Gang des Staatslebens zum Ausdruck bringen sollten, ist in der modernen Gesetzgebung das Gegentheil der Fall. Die Ursache davon ist eben die Interessenpolitik. Man sollte da zunächst nur Verordnungen erlassen und wenn sich dieselben durch jahrelangen Gebrauch bewährt haben, sie unter die Staatsgesetze aufnehmen. Jetzt ist durch diese ephemeren Erscheinungen, die man Gesetze nennt, viel Wirrwarr entstanden zum grössten Schaden des allgemeinen Rechtsbewusstseins.

Diesen übertriebenen Forderungen der Socialisten liegt die Idee zu Grunde, dass die Arbeiter, genau diese Art Arbeiter, denn es sind noch lange nicht alle mit dem Socialismus einverstanden, eigentlich der Staat sind. Die Führer der Socialisten wären also die berufenen Staatslenker. Man vermischt also unwillkürlich den Staat mit der Gesellschaft, ja mit einem Bruchtheile der Gesellschaft. Man vergisst, dass zur Befähigung für die Staatslenkung mancherlei Vorbedingungen zu erfüllen sind, nicht nur nach der Seite der Einsicht, also der Intelligenz und des Wissens, sondern auch der praktischen Tüchtigkeit, die in Uebung und mancherlei Erfahrung besteht. Auch der Arbeiter sollte sein Theil haben an der Regierung, nur nicht an der höheren Staatsregierung, sondern an der Leitung der engeren Kreise, in welchen sich der Arbeiter bewegt und für welche er Verständniss hat. Der Staat hat jetzt allerdings viel zu wenig Fühlung mit den untern Schichten des Volkes. Doch aber sollte das Recht aus den Sitten und Rechtsansichten des Volkes geboren werden. Dieses geschieht aber nur in gesunder Weise, wenn sich das Volk mitbetheiligen kann an den Funktionen des Rechtslebens, also nicht nur an der Gesetzgebung, sondern auch an der Verwaltung und der Rechtsprechung. Dieses kann geschehen in den Gemeinden und in den Distrikten oder Kreisen. Nur für diese engeren Kreise sollte das allgemeine Wahlrecht gelten, während für ein Parlament nur diejenigen wahlberechtigt und wählbar sein sollten, welche sich auf kleineren und grösseren Vertrauensposten (als durch das Volk dazu Gewählte) schon bewährt haben.

Jetzt dagegen wählt die Masse ohne zu wissen was sie thut. Man folgt eben denen, die sich auf irgend eine Weise zu Führern aufgeworfen haben, die meistens nichts anders gethan, als hochklingende Redensarten geführt und dadurch eine urtheilslose Menge berückt haben. So ist es jetzt auch mit der sogenannten öffentlichen Meinung beschaffen. Welche Täuschung dahinter liegt, haben die allgemeinen Plebiscits bereits gezeigt.

Doch genug hiervon. In den Bemerkungen zu den Darlegungen des Micius selber finden sich noch manche Einzelheiten, die vielleicht beachtenswerth sind. Andere, die den Beruf dazu haben, mögen die angedeuteten Ideen weiter ausführen. Jedenfalls ist die socialistische Bewegung beachtenswerth. Die Irrwege derselben werden jedoch nur dann vermieden werden, wenn der Staat durch geeignete Reformen das Gute, auf welches hingewiesen wird, sich wirklich aneignet. Dass der Staat sich durch die Gesellschaft immer neu verjüngen lässt, ist der naturgemässe, heilsame Process. Dass dieses auch im deutschen Reich der Fall sein möge, ist unser lebhafter Wunsch.

E. F.

Die Lehre

des

Philosophen Micius.

1.
Heranziehen der Gebildeten.*)

„Ein Staat, in welchem die Gebildeten nicht behalten werden, geht zu Grunde. Ist kein Eifer für die Vortrefflichen vorhanden, so wird der Regent im Stiche gelassen. Der Edle belastet sich selber, um das Volk zu erleichtern und wird darüber nicht missmuthig. Durch Ausführen dessen, was ihm schwer ist, erlangt er, was er begehrt; aber unerhört ist, dass wer ausführt, was er begehrt, vermeidet, was er verabscheut.

Die Beamten dürfen nicht aus Rücksicht auf ihre Rangstellung das Reden sein lassen. Sind die (dem Regenten) nahestehenden Beamten stumm, so seufzen die entfernten. Ist Abneigung vorhanden sich mit den Herzen der Unterthanen zu verbinden, dagegen Schmeichelei (dem Regenten) zur Seite und gute Rathschläge abgeschnitten, so ist der Staat in Gefahr.

Haben nicht Kieh und Schao dadurch, dass sie die Gebildeten des Reiches nicht auf ihrer Seite hatten, ihre Personen getödtet und das Reich verloren? Darum heisst es, des Staates Schätze heimzubringen ist nicht so gut, als Einsetzung von Vortrefflichen und Beförderung der Gebildeten.

Die Beamten sollen nicht allzu übertrieben sein, denn Uebervolles ist schwer zu halten. Doch selbst ein vortrefflicher Regent liebt nicht einen verdienstlosen Beamten. Wer seiner Stellung nicht gewachsen, ist nicht der Mann dafür, auch wenn er den Posten doch einnimmt. Wer der Ehre nicht gewachsen ist und die Einkünfte bezieht, ist nicht der Herr dieser Einkünfte.

Tüchtige Talente sind freilich schwer zu leiten, wie ein guter Bogen schwer zu spannen, ein gutes Pferd schwer zu reiten ist; aber der Regent kommt dadurch zu Ehren. Die

---

*) Vgl. Mencius §. 375 ff.

3*

Ströme hassen es nicht, dass sie durch kleine Bäche gefüllt werden, sondern sie werden dadurch gross. Die Heiligen schlagen keinen Dienst ab, weisen keine Sache zurück, können darum Werkzeuge für's ganze Reich werden. Denn es hat das Wasser der Ströme und Flüsse nicht nur das Wasser einer Quelle, ein Pelz, 1000 Goldstücke an Werth, enthält nicht nur das weisse (Fell) eines Hermelins. Da sie (Regent und Gebildete) gleiche Interessen haben, wird der Regent dieselben nicht an sich fesseln? Kommen die Wohlthaten des Königs nicht aus dem Palaste heraus, so können sie den Staat nicht durchfliessen."

*) Zweierlei ist hier betont, dass ein Regent allein nicht genug leisten kann, sondern dass er der Organe bedarf durch die er auf die Masse in weitesten Kreisen wirkt. Dazu sind nur die Gebildeten geeignet. Jeder Staat bedarf einer Spitze, oder eines Centrums; aber die Peripherie muss durch viele Radien mit demselben in ununterbrochener Verbindung gehalten werden, wie Haupt und Glieder durch die Nerven auf einander wirken.

Die Gebildeten sind für einen Staat der wesentlichste Bestandtheil, durch welchen seine Gesundheit bedingt ist. Wir dürfen das trotz aller Betonung der Wichtigkeit der Arbeiter nicht aus den Augen verlieren. Die Handarbeiter können nie der massgebende Faktor im Staatsleben werden, sondern sie müssen ein Object der staatlichen Fürsorge sein und bleiben. Die Arbeiter repräsentiren die Knochen, Sehnen und Muskeln des Organismus.

2.
Persönliche Cultur. **)

„Dem Edlen ist für die Schlacht, obgleich er die Schlachtordnung aufstellt, doch die Tapferkeit das Wesentliche; für die Trauer, obgleich er den Anstand einhält, die Betrübniss. Für den

---

*) Die eingerückten Stellen sind Bemerkungen des Herausgebers.
**) Vgl. Mencius §. 205 ff.

Gebildeten, obgleich er Gelehrsamkeit hat, ist doch der Wandel das Wesentliche. (Mencius §. 106 ff.)

Der Edle prüft das Nächste, und das Nächste ist die Cultur. Er lässt schmeichlerische Worte nicht in die Ohren, aufregende Stimmen nicht aus dem Munde, er hegt keine menschenmörderischen und verletzenden Regungen im Herzen. Obgleich es verläumderisches Volk giebt, kümmert er sich nicht darum. Die Arbeit des Edlen ist daher mit jedem Tage angestrengter; er wünscht täglichen Fortschritt und legt's auf tägliche Vollendung an. Das ist des Edlen Weg. In Armut sieht er auf Sparsamkeit, in Reichtum auf Gerechtigkeit, im Leben auf Liebe, im Tode auf Betrübniss. Diese 4 Handlungsweisen dürfen nicht heuchlerisch werden, es ist Rückkehr in die eigene Persönlichkeit erforderlich.

Wo der Wille (Vorsatz) nicht kräftig ist, da ist die Einsicht (Erkenntniss) nicht durchschlagend. Wo die Worte nicht glaubhaft sind, da ist der Wandel unfruchtbar. Wo die Befähigung nicht die Menschen zu unterscheiden vermag, da genügt man den Freunden nicht. Wird der rechte Weg nicht ehrlich eingehalten, so werden alle Dinge nicht eingehend beurtheilt (kritisirt). Wo kein Urtheil über Recht und Unrecht ist, da reicht es nicht aus, Verkehr zu pflegen. Wo die Voraussetzungen fest stehen, da wird es gewiss am Ende gefühlt. Ruhm und Lob dürfen ebenfalls nicht heuchlerisch sein, sondern müssen sich auf's Persönliche beziehen. Gutes, das nicht die Herrschaft im Herzen hat, bleibt nicht; Wandel, der nicht persönlich bewährt ist, besteht nicht."

Hier werden Wort und Wandel als übereinstimmend, und beide als Ausdruck der Persönlichkeit gefordert. Es gereicht dem Chinesen Micius zu grosser Ehre, dass er die sociale Frage an diesem Kernpunkte fasst. Was hilft alles Gerede und alle Mühe, sachliche Nothstände abzustellen, wenn die persönlichen Nothstände fortbestehen, ja noch gemehrt werden. Es ist charakteristisch, dass der moderne Socialismus die Moral gar sehr versäumt, dass namentlich seine Wortführer so wenig als ethische Muster gelten können, ja nicht einmal dafür gelten wollen.

3.

Was färbt.*)

„Micius sah dem Färben von Seide zu und sagte seufzend: Gefärbt in Blau — ist blau, gefärbt in Gelb — ist gelb; wie die Zuthat wechselt, wechselt auch die Farbe, je nach den fünferlei Farben. Deshalb darf man nicht anders als vorsichtig sein mit der Färbung. Doch wird nicht nur Seide gefärbt, der Staat hat auch Färbung. Die Färbung der alten Könige Schun, Yu, Thang und Wu durch ihre Minister, war, wie sie sein sollte, deshalb erlangten sie die königliche Herrschaft über das Reich, wurden Kaiser; ihr verdienstlicher Name bedeckt Himmel und Erde. Alle durch Humanität und Gerechtigkeit in der ganzen Welt bekannten Männer werden diese vier Könige preisen. Dagegen waren Kieh, Schao, Yeu und Lei durch ihre Minister gefärbt, wie es unstatthaft ist; der Staat wurde deshalb zertreten, der Leib getödtet, sie wurden zum Spott des ganzen Reiches. Die ungerechten, schändlichen Menschen der ganzen Welt werden diese vier Könige preisen. Es werden nun noch fünf Minister aufgezählt, die gut gefärbt und sechs, die schlecht gefärbt waren; jene brachten ihren Fürsten zu Ehren, ihren Staat zur Blüthe, diese ruinirten den Staat und brachten sich selber in's Verderben. Auch sie werden von ihren Gesinnungsgenossen gepriesen.

Die guten Regenten (und Minister) strengen sich an, die Menschen gesellig zu machen und sind ordentlich in der Verwaltung des Hauses (Palastes). Die nicht regieren können, schädigen den Leib, verzehren den Geist, bekümmern das Gemüth, mühen die Gedanken ab und doch wird die Gefahr für den Staat und die Schande für die Person immer grösser. Nicht, dass diese ihren Staat nicht für wichtig hielten und nicht ihr Leben (Person) liebten; die Ursache ist, sie erkennen das Nothwendige nicht, sie wurden gefärbt so, wie es nicht sein sollte.

So geht's auch den Gebildeten, die durch ihre Freunde gefärbt werden.

---

*) Vgl. Mencius §. 9 ff.

Das Lied sagt: Das Entsprechende ist zu wählen, das Entsprechende muss beachtet werden."

Es liesse sich viel über dieses Thema sagen, zumal in unseren Tagen, wo die Parteifärbung eine allgemeine Krankheit der Zeit ist, so dass auch viele an der Regierung betheiligte Männer über ihrer Farbe das Wesen der Sache vergessen und, ohne es zu wollen, am Ruin des Staates und an ihrem eigenen Verderben eifrig arbeiten. Also nicht der Parteiname, sondern das richtige moralische Urtheil soll massgebend sein, weil der bleibende Erfolg nur auf ewigen Principien beruhen kann. Die Berufung auf menschliche Autoritäten ist zweifelhaft, denn es giebt solche für die entgegengesetztesten Standpunkte. Eigentlich entspricht die Autorität der Neigung, die schon im Herzen ruhte, aber erst durch den Einfluss derselben sich bestimmt ausprägte. Wer urtheilsfähig ist, sollte sich sein möglichst unbefangenes Urtheil über das Gute und das Wahre selbst bilden. Die Sache ist nicht so schwer, als es den Anschein hat. Man achte nur darauf und strebe darnach. Jedermann hat Momente, in welchen sein Gemüth gewissermassen ruhig ist. Das sittliche Gefühl regt sich dann kräftig genug, um das Richtige erkennen zu lassen.

4.
Betrachtungen über das Gesetz.*)

„Wer eine Sache in der Welt betreibt, sollte es nicht thun ohne Erwägung des Gesetzes, weil ohne dasselbe die Angelegenheiten niemals vollendet werden können. Selbst der höchst Gebildete als Ministerpräsident hat sein Gesetz, und der gemeinste Arbeiter in Ausübung seines Geschäftes hat auch sein Gesetz. Die Arbeiter machen das Viereckige nach dem Winkel, das Runde nach dem Cirkel, das Gerade nach der Schnur, das Richtige

---

*) Vgl. Mencius §. 61 ff.

nach der Schablone. Der Geschickte trifft es, der Ungeschickte richtet sich wenigstens danach und übertrifft sich selbst.

Also alle Arbeiter lassen sich in ihren Verrichtungen von einem Gesetze bestimmen; ist das bei denen, die das Reich oder einen Staat regieren, nicht der Fall, so kommen sie an Scharfblick den Arbeitern nicht gleich.

Worin besteht nun aber das Gesetz für's Regieren? — Man soll es von seinen Eltern absehen. — Nun giebt es aber viele Eltern unter dem Himmel und der humanen Eltern wenige; ahmt man also im Allgemeinen den Eltern nach, so verwirklicht man Inhumanität; die darf nicht zum Gesetz werden. So ist's auch, wenn man seine Lehrer als Vorbild nehmen wollte, oder die Regenten, weil es auch der inhumanen mehr giebt. Diese drei Klassen taugen also nicht zum Gesetz für das Regieren; was denn? Nichts ist besser als den Himmel zum Vorbilde zu nehmen. Die Wirksamkeit des Himmels ist universell, ohne selbstisch zu sein. Seine Mittheilung ist reichlich ohne Einschränkung, sein Licht dauernd ohne Abnahme. Deshalb haben die Heiligen ihn als Vorbild (Gesetz) genommen. Ist aber der Himmel Gesetz, so muss man in der Bewegung zum Wirken auch an den Himmel denken; man muss thun, was der Himmel wünscht, und unterlassen, was der Himmel nicht wünscht. Was wünscht und was hasst nun aber der Himmel? Er wünscht, dass sich die Menschen einander lieben, dass sie einander nützen, und wünscht nicht, dass sich die Menschen einander hassen, einander berauben. Aber woher weiss man das? Daher, dass er sie ausnahmslos liebt, ausnahmslos ihnen nützt. Das erkennt man daran, dass er sie ausnahmslos (sammt und sonders) besitzt und ausnahmslos ernährt. So gäbe es nun also unter dem Himmel keine grossen und kleinen Staaten, sondern alle wären sie Gemeinschaften des Himmels; die Menschen hätten nicht Klein, Gross, Vornehm und Gering, sondern alle wären Beamte (Diener) des Himmels, so dass Jedermann Opferthiere und Wein und Getreide darbrächte, um den Himmel zu verehren. Wer also die Menschen liebt, den Menschen nützt, der wird vom Himmel beglückt; wer die Menschen hasst und beschädigt, auf den sendet der Himmel Unglück; wer Unschuldige zu tödten pflegt, erlangt Missgeschick.

Daraus erkennt man, dass der Himmel wünscht, dass die Menschen einander lieben, einander nützen, und dass er nicht will, dass sie einander hassen, einander beschädigen.

Die heiligen Könige Yu, Thang, Wan und Wu liebten ausnahmslos die Geschlechter des Reiches, leiteten sie an, den Himmel zu ehren, den Dämonen (Verstorbenen) zu dienen; sie nützten den Menschen viel; der Himmel beglückte sie deshalb etc. Die tyrannischen Könige hassten ausnahmslos die Geschlechter des Reiches, leiteten sie an, den Himmel zu lästern, die Verstorbenen zu verspotten; sie schadeten ihren Leuten vielfach; deshalb brachte sie der Himmel in's Unglück. Es giebt also solche, welche die Menschen lieben und ihnen nützen und dadurch Glück erlangen, und giebt auch solche, welche die Menschen hassen und ihnen schaden und dadurch Unglück erlangen."

Es giebt nicht nur Gesetze der mechanischen Naturordnung, sondern auch Gesetze des sittlichen socialen Lebens. Das hier aufgestellte Gesetz ist im Allgemeinen richtig. Wer nur sich liebt und Eigennutz sucht, wird sich selber den grössten Schaden zufügen; denn in der menschlichen Gesellschaft kann nie Jemand ungestraft alle anderen Menschen nur auf sich beziehen; diese merken bald die Absicht und werden verstimmt.

Zu beachten ist ferner die Vergeltung durch den Himmel und die, man möchte fast sagen, Kindschaft aller Menschen gegen den Himmel. Auf die Vergeltungslehre kommt Micius noch öfters zurück (s. unter 26—28). Die andere Seite, dass Jedermann eine direkte Stellung zum Himmel hat, ist allerdings nicht hinreichend erörtert, konnte wohl deshalb in China nicht durchdringen. Es liegt dem Gedanken bei Micius auch nur das Naturverhältniss zu Grunde. Dieses ist jedoch dadurch schon fast persönlich geworden, wie ja auch die Vergeltung dahin deutet. Der Standpunkt des Alten Testamentes wird jedoch noch nicht erreicht. Die neutestamentliche Anschauung des Gnaden- und Liebes-Verhältnisses Gottes zu den Geschöpfen ist der höchste Ausdruck dieses Gedankens; käme derselbe nur im socialen Leben mehr zur Verwirklichung!

5.

Die sieben Nothstände.

1. „Dass Mauern, Wälle und Gräben unhaltbar sind und für Paläste und Häuser gesorgt wird. (Mencius §. 484.)

2. Dass die Staatsgrenzen im Umkreise keine Rettung vor den vier Nachbarn bieten.

3. Dass vorher des Volkes Kraft verbraucht wurde zu nutzloser Arbeit, Belohnungen an unfähige Männer gegeben sind, so dass des Volkes Kraft nutzlos verbraucht ist, die Schätze geleert sind für Fremde.

4. Dass die Angestellten warten auf's Einkommen, die Reisenden voll Betrübniss umkehren. Dass der Regent Gesetze verfasst die Minister zu zügeln und aus Furcht nicht wagt sie auszuführen.

5. Dass der Regent sich für heilig und weise hält und nicht nach den Geschäften fragt, sich im Frieden und in Sicherheit glaubt und nicht auf der Hut ist, was die vier Nachbarn gegen ihn planen, nicht abzuwenden versteht.

6. Dass, was geredet wird, nicht aufrichtig ist, was aufrichtig, nicht glaubhaft ist.

7. Dass Schlachtvieh, Getreide und Hülsenfrüchte nicht ausreichen zur Nahrung, die grossen Minister unzureichend sind, den Staat zu bedienen, die Belohnungen nicht erfreuen, die Strafen nicht abschrecken können.

Wo diese sieben Nothstände im Staate vorhanden sind, geht derselbe zu Grunde. Das Volk ist abhängig von den 5 Getreidearten, davon hat der Regent seinen Unterhalt. Bei völliger (gesegneter) Erndte der 5 Getreidearten sind die 5 Geschmacksarten dem Herrn völlig zur Verfügung, nicht aber bei unvollständiger Erndte. Wird eine Getreideart nicht geerndtet, so heisst es: Dürftigkeit, von zwei Arten, so heisst es: Dürre, von drei: Mangel, von vier: Theuerung, von fünf: Hungersnoth.

In dürftigen Jahren geben die Beamten, vom Oberstatthalter abwärts, von ihrem Einkommen ein Fünftel ab, in dürren Jahren zwei Fünftel, bei Mangel drei Fünftel, in Theuerung vier Fünftel; bricht Hungersnoth im Grossen herein, so haben sie gar kein Einkommen, sondern erhalten nur Speise aus den Magazinen.

Auch sonst hört aller Aufwand auf.

Sind die Zeiten gut, so ist das Volk human und brav, sind die Zeiten schlecht, so ist das Volk gemein und böse. (Vgl. Mencius §. 344—345.) Sind die Produkte (Schätze) nicht ausreichend, so gehe man auf die Zeit zurück; ist die Nahrung unzureichend, so gehe man auf den Verbrauch zurück. Das Volk muss also zuerst mit der Zeit Produkte erzeugen, diese dann zweckmässig gebrauchen, so reichen die Produkte aus. Denn die heiligen Könige der Vorzeit, konnten sie etwa machen, dass die 5 Getreidearten regelmässig geerndtet wurden und weder Dürre kam, noch Wasser hereinbrach? Und doch gab es kein frierendes und hungerndes Volk, — warum? — Sie strengten sich jederzeit eifrig an, und ihr eigner Aufwand war sparsam......

Ist für die Nahrung kein Getreide in Vorrath, so lässt sich Hungersnoth nicht aushalten; sind für die Streitwagen nicht Soldaten vorräthig, so kann man sein Recht nicht durchsetzen (ausführen), auch wenn man Recht hat; sind Stadtmauer und Wälle nicht in Bereitschaft, so kann man sich nicht vertheidigen; hat man im Herzen die Ueberlegung nicht vorbereitet, so kann man dem, was kommt, nicht begegnen.

Bereitschaft ist also das Wichtigste für den Staat, Nahrungsmittel sind die Schätze des Staates, Waffen sind die Krallen des Staates, und Stadtmauern dienen zur Defensive. Diese Drei sind die Staatswerkzeuge. Deshalb heisst es: durch seine übertriebenen Belohnungen, womit Verdienstlose beschenkt werden, sind die Schatzkammern entleert.

Durch Bereitschaft von Wagen, Pferden, Kleidern, Pelzen und Curiositäten wird die Dienerschaft erbittert; durch Einrichtung der Paläste und Gemächer, durch das Anschauen theatralischer Vorstellungen (Musik), durch grossartige Särge und Sarkophage für die Verstorbenen, durch die Versorgung derselben mit vielen Kleidern und Pelzen, durch Errichtung von Schauthürmen für die Lebenden, durch Ausschmücken der Gräber für die Todten, dadurch wird nach aussen das Volk erbittert, nach innen werden die Schatzkammern geleert.

Die Oberen bekommen ihre Vergnügungen nicht satt, die Unteren verhalten ihre Erbitterung nicht. Wird dann der Staat von Feinden angegriffen, so leidet er Schaden; begegnet dem Volke Hungersnoth, so kommt es um. Das ist alles Schuld der unvollkommenen Bereitschaft."

Es sind hier wichtige Punkte angedeutet. Die sieben Nothstände sind auch noch in manchen modernen Staaten gefährliche Uebel. Namentlich China leidet gerade jetzt sehr schwer unter der bösen Sieben. Aber auch in Europa steht es keineswegs glänzend. Dass der Staat bereit sein müsse, ist zwar jetzt allgemein anerkannt, namentlich in militärischer Hinsicht. Die sociale Seite wird jedoch erst neuerdings wahrgenommen. Was dem Micius besonders anliegt (auch dem Mencius, siehe §. 344), dass für ausreichenden Proviant gesorgt werde, um dem Hungertode vorzubeugen, geschieht viel wirksamer durch die modernen Verkehrsmittel. Staatsmagazine sind nur ein primitiver, wenigstens sehr beschränkter Nothbehelf. Merkwürdig, obschon leicht begreiflich, ist, dass der Sitz der socialen Uebel noch bis heute derselbe ist. Das Prassen der Wohlhabenden auf der einen Seite und das Hungerleiden der Armen auf der andern Seite, das ist und bleibt der eigentliche sociale Uebelstand. Wer kann es leugnen, dass gerade daraus die Verbitterung unter den arbeitenden Klassen ihre Nahrung zieht. Grosser Aufwand und verbitterte Armut, wie könnten die in Frieden nebeneinander bestehen? Gesetze und Zwangsmittel können nicht helfen; aber gesunder Sinn und christliche Liebe könnten es. Jedenfalls muss die Aufmerksamkeit sich darauf richten, sonst fehlt es an Bereitschaft für die kommenden Ereignisse.

6.
Aufgeben des Uebermasses.
(vergl. 20 und 21.)

„Das Volk des Altertums verstand noch nicht **Wohnungen** zu bauen; man begab sich aber auf Hügel und wohnte da in Höhlen und hielt sich darin auf. Da die Nässe das Volk beschädigte, so bauten die heiligen Könige Wohngebäude. Das Gesetz für die Wohngebäude war: die Höhe sei ausreichend,

die Nässe auszuschliessen, die Seitenwände ausreichend, den
Wind und die Kälte abzuhalten. Oben sei es ausreichend, dem
Schnee, Frost (Hagel), Regen und Thau zu begegnen. Die Höhe
der inneren Mauer sei ausreichend, der Sitte gemäss, Männer und
Frauen zu trennen. Ist das beachtet, so halte man ein. Material
zu verschwenden, Kräfte anzustrengen, ohne den Nutzen zu mehren,
das thue man nicht. Werden die Stadtmauern und Wälle aus-
gebessert, so wird das Volk angestrengt, ohne beschädigt zu werden.
Werden nach dem Durchschnittsertrag die Steuern richtig ein-
gesammelt, so giebt das Volk diese her ohne krankhafte Stimmung.
Was das Volk erbittert, ist nicht das, die Erbitterung entsteht
über grossartige Arbeit, bei welcher die Gesellschaft schlecht weg-
kommt. Die heiligen Könige bauten deshalb die Wohngebäude
praktisch für die Lebenden, nicht für das Vergnügen des Anblicks;
sie machten Kleidung und Schuhe praktisch für den Leib, nicht um
der Absonderlichkeit zu fröhnen; daher stand alles dem Leibe
wohl an und war belehrend für's Volk. Darum liess sich das
Volk des ganzen Reiches wohl regieren, der Verbrauch (der
Consum) fand, was er bedurfte. Dagegen sind die jetzigen
Herrscher in Beziehung auf Wohngebäude verschieden davon;
man sieht sich genöthigt, grossartige Abgaben den Gemeinden
aufzulegen; man entreisst dem Volke tyrannisch die Mittel für
Kleidung und Nahrung, um Paläste, Gemächer, Schauthürme und
Schauspiele, um farbige, geschnitzte und gravirte Verzierungen
herzustellen. Da man Paläste und Gemächer derartig macht, so
nimmt die Umgebung sie zum Modell. Darum sind die Vorräthe
nicht ausreichend, um einer Hungersnoth vorzubeugen, man bringt
Waisen und Wittwen in Schulden. Deshalb ist der Staat verarmt,
das Volk schwer zu regieren. Ein Regent, der des Reiches
Regierung wirklich wünscht und dessen Unordnung (Aufruhr) hasst,
sollte Paläste und Gemächer nicht anders als massvoll bauen.

Das Volk des Altertums kannte noch keine **Kleider.**
Später hatte es Oberkleider von Fellen und trockenes Gras als
Gürtel, im Winter kaum warm, im Sommer kaum kühl. Die
heiligen Könige hielten das den menschlichen Gefühlen nicht
für angemessen, gaben deshalb den Frauen Unterricht in der
Behandlung von Seide und Hanf, um daraus Stoffe zu weben zu

Kleidern für's Volk. Das war das Gesetz für die Kleidung: im
Winter weiche Seide, leicht und warm, im Sommer Leinen, leicht
und kühl. War dieses besorgt, so hörte man auf; die Heiligen
machten also Kleider die Leibes-Glieder zu bedecken, Nerven
und Haut zu temperiren, und das genügte; sie machten keinen
Prunk für Ohren und Augen, dem albernen Volke zum Angaffen.

Zu der Zeit kannte man nicht den Werth von festen Wagen
(Streitwagen) und tüchtigen Pferden, nicht die Freude an Schnitz-
werk, Gravirung und bunten Figuren; wie hätte man dazu
anleiten sollen?....

Darum hatte das Volk genug, war sparsam und leicht zu
regieren; seine Regenten verbrauchten die Vorräthe mässig und
waren leicht befriedigt; die Schatzkammern blieben voll, die
Waffenrüstung wurde nicht verbraucht, die Vornehmen und das Volk
matteten nicht ab, die Regierungsmacht reichte hin, die Wider-
setzlichen richterlich zu belangen. Im Gegensatz dazu steht der
jetzige Luxus; Frauenarbeit verfertigt bunten Zierrath, Mannes-
arbeit schnitzt und gravirt, um dem Leibe Kleidung zu verschaffen;
dieses Alles dient nicht dazu, das Gefühl des Wohlbehagens zu
mehren, es vergeudet das Material, ermüdet die Kräfte, und
gehört alles zum Unbrauchbaren. Betrachtet man's von der
Seite, so macht man Kleider, nicht für die Leibesglieder, sondern
zum schönen Aussehen. Darum ist das Volk ausschweifend
und schwer zu regieren, der Regent verschwenderisch und schwer
zu berathen. Wünscht ein verschwenderischer Regent, der ein
Volk beherrscht, das der Ausschweifung ergeben ist, keine Unruhe
(Aufruhr), so kann er es nicht erreichen. Ein Regent, der wirklich das Wohl des Reiches wünscht und dessen Verwirrung
hasst, sollte in der Kleidertracht nicht anders als massvoll sein.

Das Volk des Altertums verstand noch nicht die **Bereitung
von Speisen und Getränken.** Man pflegte Rohes zu essen
und zerstreut zu wohnen. Die Heiligen gaben daher den Männern
Unterricht im Pflügen, Erndten und Bäumepflanzen, um dem
Volke Nahrung zu verschaffen. Damit war die Speise ausreichend,
die Lebensgeister zu mehren, das Leere zu füllen, die Glieder zu
kräftigen, den Bauch zu befriedigen und sonst nichts. Darum
gebrauchten sie die Vorräthe massvoll, waren sparsam in ihrer

eigenen Nahrung, das Volk war reich, der Staat wohlregiert. Jetzt ist es nicht so. Man legt den Gemeinden grossartige Abgaben auf, um feine Speisen, Mastschweine, Gesottenes und Gebratenes, Fische und Schildkröten zu erlangen. Ein grosser Staat arrangirt 100 Gefässe, ein kleiner Staat 10 Gefässe, feine Speisen nehmen eine Quadratruthe ein u. s. w. Die Regenten essen und trinken derartig, deshalb nimmt sich die Umgebung ein Beispiel daran. Daher sind die Reichen verschwenderisch, Waisen und Wittwen dagegen frieren und hungern.

Ein Regent der wirklich die Wohlregierung (Ordnung) des Reiches wünscht und dessen Verwirrung verabscheut, sollte in Beziehung auf Essen und Trinken nicht anders als massvoll sein.

Das Volk des Altertums verstand noch nicht **Schiffe und Wagen** zu verfertigen. Sie konnten schwere Lasten nicht fortbewegen, weite Wege nicht zurücklegen. Die heiligen Könige verfertigten daher Schiffe und Wagen zur Bequemlichkeit (Förderung) der Geschäfte des Volkes. Sie machten Schiffe und Wagen durchaus fest, leicht und nützlich, so dass man schwer laden und weit kommen konnte. Sie verbrauchten wenig Material und hatten grossen Nutzen. Darum freute sich das Volk darüber und benutzte sie. Gesetzesverordnungen brauchten deshalb keine Beschleunigung und gingen doch durch. Das Volk mühte sich nicht ab und kam empor, hatte ausreichend zum Verbrauch. Das Volk sammelte sich daher zu ihnen (den heiligen Königen).

Die jetzigen Herrscher verfertigen Schiffe und Wagen auch nur zum Luxus u. s. w. (wie oben). Alles, was sich zwischen Himmel und Erde bewegt, enthalten ist innerhalb der vier Meere, deren keinem fehlt es an himmelverliehenen Gefühlen, an Harmonie der Dualkräfte. Selbst der Heiligste kann nichts daran ändern. Wie erkennt man aber, dass dem so ist? Die Heiligen geben eine Erklärung von Himmel und Erde, nämlich: Oben und unten, die vier Jahreszeiten, dann die Dualkräfte und Gefühle des Menschen, dann Mann, Weib, Vögel, Vierfüsser, dann Stier, Kuh, Männchen, Weibchen. Die Eigenschaften, welche der Himmel wahrhaftig verliehen hat, konnte selbst so ein früherer König nicht ändern, selbst die Heiligsten der Vorzeit mussten ihre Privatvergnügungen so geniessen, dass sie ihren Wandel nicht schädigten.

Deshalb hegte das Volk keinen Unwillen. Die Paläste hatten keine Harem-Weiber, darum hatte das Reich auch keine ledigen Männer. Weil innen keine Harem-Frauen, aussen keine ledigen Männer waren, darum wurde das Volk des Reiches so zahlreich. Dagegen zähmen die jetzigen Regenten ihre Lust nicht, so dass ein grosser Staat 1000 Harem-Frauen beisammen hat, ein kleiner Staat hundert. Darum sind von den Männern des Reiches viele ledig, ohne Ehefrau, Mädchen kommen viele in den Harem ohne Ehemann. Mann und Weib versäumen die Zeit, darum ist das Volk gering an Zahl. Wünscht der Regent wirklich ein zahlreiches Volk und hasst dessen Ledigbleiben, so sollte der Genuss seines Privatvergnügens nicht anders als massvoll sein.

In allen diesen fünf Stücken sind heilige Männer mässig, gemeine Männer dagegen ausschweifend. Mässigkeit bringt Blüthe, Ausschweifung dagegen bringt Verderben."

Es ist eigen, dass diese 5 Stücke auch jetzt noch dem socialen Elende zu Grunde liegen, nur in veränderter Form. Die Wohnungsnoth ist immer noch eine ernstliche. Da stehen so viele Prachtbauten, und daneben sind so manche arme Leute, die kaum ein trockenes Plätzchen haben, jedenfalls im engen Raume und in schlechter Luft leben müssen. Aber es wird auch wenig beachtet, dass manche Wirthslocale noch schlimmer wirken müssen. Die Stuben sind meist gepfropft voll Menschen und gefüllt mit erstickendem Tabaksqualm. Dahin gehen die Arbeiter aus ihrer Fabrikluft oder aus den engen Wohnstuben zur Erholung. Die Obrigkeit könnte wohl feste Tarife aufstellen, wie viele Personen als Maximalzahl in eine Wirthsstube Zulass finden dürfen, also eine bestimmte Zahl Kubikfuss Raum für die Person fordern. Wirthe, die mehr Gäste aufnehmen, sollten für entsprechende Räumlichkeiten sorgen. In den Wohnräumen der Armen könnte für zweckmässige Ventilation gesorgt werden. Licht, Luft, trockene Wände und Fussböden, womöglich Nöthigung zur Reinlichkeit und Ordnung durch passende Visitationen von Seiten der Bezirksvorsteher oder Armenpfleger etc., gutes Wasser — dafür kann die Regierung Sorge tragen, und es wird zum Vortheile des Staates sein, wenn es treulich geschieht.

Die Kleidertracht hat sich wohl eher verschlechtert in der modernen Welt, seit die Mode ihr tyrannisches Regiment übt. Könnte da nicht eine Art Nationaltracht, wenigstens bei der Jugend, erstrebt werden? Gut, dass wenigstens das Militär möglichst gleichmässig nach praktischen Rücksichten gekleidet ist.

Aber die sociale Frage hat es auch hier vor Allem mit dem krassen Unterschiede der Bekleidung in derselben Gesellschaft zu thun. Während manche eitle Dame mit ihrer Schleppe die Strasse fegt zum Leidwesen derer, die neben oder hinter ihr zu gehen haben, giebt es viele Arme, welche kaum so viel Fetzen besitzen, ihre Blösse zu bedecken, geschweige, sich bequem und warm kleiden zu können.

Im Essen und Trinken nimmt der Luxus ebenfalls erschreckend überhand; man denke an den Contrast einer table d'hôte im Hotel ersten Ranges und an das Mittagsmahl eines armen Arbeiters mit seiner zahlreichen Familie, dort eine magenverderbliche Anzahl der besten Speisen (und Getränke), hier kaum satt Kartoffeln. Selten ist den Armen der nöthige Wechsel der Nahrungsmittel erreichbar; die Kinder werden oft aus Mangel an der nöthigen Sättigung im Wachstum aufgehalten und vielleicht dem Siechtum anheimgegeben. Freilich ist auch da viel die Ausschweifung der Väter schuld, wie denn überhaupt die sociale Frage sich nicht von der moralischen und religiösen Wurzel trennen lässt. Wo es dennoch geschieht, werden die Uebel nur nach anderen Seiten verschlimmert.

In Beziehung auf Fortbewegungsmaschinen können wir jetzt wegen der Eisenbahnen und Dampfschiffe weniger klagen. Eines allerdings bleibt noch übrig: die Kutschen brauchen Pferde, und für jedes Pferd liessen sich etliche Menschen unterhalten, man behauptet sogar, 16 Menschen für ein Pferd. (Dann die Hunde, soweit sie unnöthig.) In Beziehung auf Verschönerung geht Micius zu weit in seiner Kritik. Der Schönheitssinn darf und soll seine Pflege und Genugthuung finden. Nur ist gerade die

4

vollendete Schönheit verhältnissmässig einfach. Prunk und alle überreichen Verzierungen bekunden verdorbenen Geschmack. Diese Ueberladung mit Schmuck und Zierrath ist leider auch jetzt nicht selten. Das ist allerdings nichts anders, als reine Verschwendung, wofür man hätte etwas thun können, was zum allgemeinen Besten diente.

Der letzte Punkt ist der wichtigste. Zwar giebt es bei uns keine Haremswirthschaft. Wir können Gott und dem Christentume für diese Wohlthat danken. Die Türkei hat schon viel Elend dadurch erlebt und China nicht weniger. Aber das Uebel hat bei uns nur eine andere Form angenommen. Giebt es nicht auch bei uns viele ledige Männer und viele unverheiratete Frauen? Sehen wir ab von denen, die durch besondere Führung so blieben. Eine Anzahl Männer, namentlich aus den gebildeten Ständen, behauptet, sie könnten keine Frau standesgemäss ernähren. So sagen fast alle Deutschen in überseeischen Colonieen, um ihr Leben im Concubinat damit zu entschuldigen. So sagen auch viele Geschäftsmänner in den heimischen Städten. Es weist das auf einen Schaden, der für die sociale Wohlfahrt grosse Folgen haben muss, auf die Verbildung oder Ueberbildung des weiblichen Geschlechts als Wurzel dieser socialen Uebel. Gesunde sociale Tugend kann sich nur entwickeln, wo die Familien-Tugend gedeiht. Dem Uebel abzuhelfen wäre nicht so schwer. Das weibliche Geschlecht ist zur Einfachheit, Arbeitsamkeit und Häuslichkeit zu erziehen. Dabei braucht der Geist nicht zu kurz zu kommen, und das Gemüth soll's auf keinen Fall. Vielleicht liesse sich die Eheschliessung auch in sanitärer Beziehung unter staatliche Aufsicht stellen. Die wahrhaft herzzerreissenden Uebelstände nehmen immer mehr überhand. Die Irrenhäuser sind überall voll, die Blödsinnigen mehren sich fortwährend, Schwächliche und Kranke giebt es erschreckend viele. Manche davon fallen dem Staate zur Last, die meisten sich selber. Wäre es da nicht eine Wohlthat für Mit- und Nachwelt, diejenigen vom Eingehen einer Ehe abzuhalten, welche keinesfalls gesunde Kinder zeugen können? Tüchtige Aerzte würden bald eine einigermassen zuverlässige Ausscheidungsliste fertig haben. Allerdings dürften nur die erwiesenermassen verderblichen Krankheiten und diese nur dann bei einzelnen Personen in Berücksichtigung kommen, wenn sie unzweifelhaft nachgewiesen werden könnten. Es müsste aber auch möglich sein, solche Personen von ausserehelicher Verbindung abzuhalten. Bei der Mehrzahl würde sicherlich die reelle Klarheit über ihren Zustand schon dazu hinreichen; dieses wohl fast ohne Ausnahme bei den betreffenden weiblichen Personen, besonders, wenn ihnen ein ehrenvoller Beruf offen stünde, wofür eben zu sorgen wäre.

Auch spätere Laster, wie Trunksucht oder vererbliche Krankheiten sollten Einschreiten, doch in humaner Weise, zur Folge haben. Oder ist das menschlich, wenn Kinder lebenslang abscheuliche Krankheiten behalten, weil ihr Herr Vater syphilitisch oder ein Branntweinsäufer gewesen ist, oder, weil er andere unheilbare Uebel auf sie übertrug? Man sehe sich nur die Krankheiten der meisten Patienten genauer an, die letzte Ursache ist gewöhnlich nicht schwer zu finden. Ferner bedürfen arme Frauen, die sich in gesegneten Umständen befinden, passender Nahrung, wenn auch dürftiger, so doch gesunder und ausreichender, oder es rächt sich an der Gesellschaft. — Das sind wichtige Punkte für's sociale Wohl. Die Abhülfe wäre kaum so schwer zu finden, als es aussieht. Jedenfalls ist es gerathen, dass nicht nur einzelne Wohlgesinnte durch freie Liebesthätigkeit hie und da Jemand Linderung verschaffen. Diese Uebel haben vielverzweigte Wurzeln. Jedermann, dem das Staatswohl am Herzen liegt, sollte an seinem Theile mitwirken zur Beseitigung der offenbaren Nothstände seiner nächsten Umgebung. Im socialen Leben ist es unter allen Umständen besser, rechtzeitig aus freiem inneren Antriebe das Seine zu thun, als später gezwungen durch äussere Nothwendigkeit, wenn es für die Heilung meist zu spät ist, dieselbe jedenfalls bedeutend grössere Opfer erheischt. —

Ein anderes der oben erwähnten Uebel, das noch jetzt wie damals bei den Orientalen drückend wirkt, sind wir nun los, nämlich die Willkür der Besteuerung und den Verbrauch des Geldes nach Gutdünken der Regierung; die Beamten saugen dabei zu viel Geld in ihre Privatkasse auf.

7.
Dreifache Critik.

„Jemand fragte den Micius: Die heiligen Könige sollen also keine Musik gemacht haben? (So behauptete nämlich Micius.) Die Fürsten erholten sich aber doch nach der Ermüdung durch Regierungsgeschäfte an Musik von Glocken und Trommeln, die Ober- und Unterbeamten an Musik von Pfeifen und Harfen, die Landleute nach der Feldarbeit an der Musik irdener Instrumente. Micius antwortete: Yao und Schun hatten Strohhütten, sie schufen jedoch Gebräuche und Musik. Thang, nachdem er den Kieh in's grosse Wasser gesetzt und sich selbst als König eingesetzt hatte, als die Arbeit fertig war, das Verdienst feststand, keine grossen Uebel hinterher kamen, machte er auch Musik nach der Weise der vorigen Könige. So auch König Wu und sein Nachfolger König Sching. Doch keiner der späteren Könige erreichte in der Regierung den früheren (d. h. den bedeutendsten Herrscher der früheren Periode). Die Musik ist successive prächtiger geworden, dagegen die Reichsregierung parallel schlechter oder geringer, so dass also durch Musik das Reich nicht regiert werden kann (wie von Confucius behauptet wurde).

Dass Micius sagte, die heiligen Könige hätten keine Musik gehabt, ist wie deren Befehl, Viele und Wenige zu speisen. Der Weise versteht, dass das nur in Hungersnoth gilt. Die Heiligen hatten Musik, aber wenig, das ist auch wie keine."

Nach dem Zusammenhang gehört Musik in die Zeiten der Ruhe, der socialen Harmonie, nicht in ungeordnete Verhältnisse. Die dreifache Critik bezieht sich auf die drei angeführten Perioden der chinesischen Geschichte. Ausführlicher ist die Musik in Abschnitt 32 behandelt.

8.
Vorziehen der Vortrefflichen.

„Die Fürsten und Grossen des Alteitums wünschten alle den Staat und ihre Familie reich, das Volk zahlreich, die Administration wohlgeordnet — doch wurde jetzt das Gegentheil erreicht — warum? Man vermag nicht durch Bevorzugung der Vortrefflichen die Geschäfte zu führen. Hat der Staat viele vortreffliche und ehrenwerthe Gebildete, so ist die Regierungsverwaltung gedeihlich, sonst aber schwach. Darum sei das Streben der Grossen auf zahlreiche Vortreffliche gerichtet. Das Mittel sie anzuziehen ist dasselbe, wie für gute Bogenschützen und Wagenlenker; man bereichert sie, beehrt sie, achtet sie, lobt sie. Ebenso (muss verfahren werden mit) den vortrefflichen, ehrenwerthen Gebildeten, welche reicherfahren sind in tugendhaftem Wandel, wohlbedacht in Wort und Gespräch, bewandert in den Lehrvorschriften (Doktrinen). Sie sind eigentlich die Perlen des Staatshaushaltes und Assistenten der Schutzgeister.

Aber nach der Vorschrift der Könige des Altertums ist festzuhalten, dass, wer nicht gerecht ist, auch nicht reich, nicht geehrt, nicht vertraut, nicht näherstehend gemacht werden soll. Hören das die Reichen und Angesehenen, so ziehen sie sich zurück und überlegen also: Worauf wir anfänglich uns verliessen, das war Reichtum und Ansehen; jetzt erhebt man die Gerechten und verschmäht die Armen und Geringen nicht: wir dürfen also nicht wohl anders als gerecht handeln. Sodann auch die Verwandten, welche sich auf ihre Verwandtschaft verliessen, die Nahestehenden ebenfalls. Die Fernerstehenden bekommen dadurch Muth, dass auch sie mittelst Gerechtigkeit aufsteigen können und geben sich Mühe um dieselbe. So auch die Beamten an den fernsten Grenzen des Reiches und alle Klassen innerhalb des Reiches sind eifrig in der Uebung der Gerechtigkeit. Warum das? — Ist das, weshalb die Oberen die Unteren verwenden, nur eine Sache, so ist das, wodurch die Unteren den Oberen dienen, nur eine Weise.

So erhoben die alten heiligen Könige, welche Tugend aus-
zeichneten und Vortreffliche vorzogen, selbst Bauern und Handwerker, welche Tüchtigkeit besassen.

Doch muss Rang, Einkommen und Autorität entsprechend
sein. Ist die Rangstellung nicht hoch, so hat das Volk keinen
Respekt; ist das Einkommen nicht glänzend, so hat das Volk
kein Vertrauen; sind die Befehle nicht bindend, so hat das Volk
keine Furcht. Verleiht man diese drei Dinge den Vortrefflichen,
so ist es keine Belohnung für sie, sondern der Wunsch, die Sache
zu Stande zu bringen.

Vorziehen der Vortrefflichen ist die Grundlage der Regierungsverwaltung."

9.

Vorziehen der Vortrefflichen.

(Fortsetzung.)

„Woraus erkennt man, dass die Bevorzugung der Vortrefflichen
die Grundlage ist der Regierungsverwaltung? Daraus, dass, wenn
Angesehene und Weise regieren, Thoren und Niedrige sich
regieren lassen; regieren dagegen Thoren und Niedrige, so
rebelliren Angesehene und Weise.

Die heilige Könige bevorzugten deshalb nicht Vater und
Brüder, sie waren nicht den Angesehenen und Reichen geneigt,
sie liessen sich nicht hinnehmen von schönem Gesicht, sondern
sie erhoben die Vortrefflichen und setzten sie oben an, bereicherten
und ehrten sie als Vorsteher der Aemter. Die Unfähigen entfernten sie, machten sie arm und gering als Diener. Darum
fügte sich das Volk, und auch heilige Männer hörten auf sie
und folgten ihnen.

Wer den Staat regieren kann, soll dazu verwendet, wer
Aemtern vorstehen kann, dazu gebraucht, wer eine Ortschaft
regieren kann, dazu benutzt werden. Die Vortrefflichen regieren
den Staat, indem sie früh in den Gerichtshof kommen und spät
fortgehen, Criminalfälle hören und die Rechtspflege verwalten.

Die Vortrefflichen, welche Aemter verwalten, legen sich Nachts schlafen und stehen frühe auf, nehmen die Steuern ein von den Grenzpässen, Märkten, Wäldern und Ebenen, um die Amtsmagazine zu füllen; die Vorräthe werden so nicht verschleudert. Die Vortrefflichen, welche Ortschaften regieren, gehen frühe aus und kehren im Dunkel heim. Sie treiben Landbau. Giebt es viel Hülsenfrüchte und Getreide, so hat das Volk ausreichende Nahrung. Ist darum der Staatshaushalt wohl geordnet, so sind die Strafen gerecht; sind die Amtsmagazine gefüllt, so ist das ganze Volk reich; die Oberen haben Wein und Getreide, um dem Himmel und den Geistern zu opfern. Sie haben auch nach aussen genug zu Geschenken für die Fürsten der vier Nachbarstaaten, · nach innen ist's hinlänglich das Volk zu nähren und die Vortrefflichen des Reiches zu hegen. Werden die Vortrefflichen so ausgezeichnet, wie oben beschrieben, so strengen sie alle Kräfte an, die Geschäfte des Regenten auf sich zu nehmen, ohne müde zu werden; wenn sie Schönes und Gutes haben, so schreiben sie es den Oberen zu. Das Schöne und Gute ist damit oben, das Unliebsame und Geschmähte unten; Ruhe und Wonne beim Regenten, Trübsal und Kummer beim Minister.

Die jetzigen Fürsten wollen auch Vortreffliche. Sie geben Würden, aber kein Einkommen; diese kommen deshalb nicht herbei, und Unwürdige erhalten die Stellen. Darum werden Belohnungen und Strafen nicht recht ausgetheilt. Deshalb hört die kindliche Ehrfurcht gegen die Eltern auf, sowie der Vorrang der Brüder und Ortsvorsteher; zu Hause herrscht keine Mässigkeit, draussen keine Schranken, Männer und Frauen haben keine Trennung etc.

Bei Anstellung von Verwandten, die keine Kenntnisse haben und von Günstlingen auf Posten, die für sie zu schwierig sind, auch wenn sich dieselben noch so sehr anstrengen, bleiben neun Zehntel unbewältigt. Das Volk verlangt sehnlich nach Leben und scheut ebenso den Tod; was es wünscht, erlangt es jedoch nicht und was es scheut, kommt oft über dasselbe — so vermochte noch Niemand als Kaiser über Reich und Fürsten zu gebieten."

10.

Vorziehen der Vortrefflichen.

(Schluss.)

„Welches ist nun der Weg, ein Vortrefflicher zu werden? Antwort: Wer Kraft hat, sei eifrig Andern damit beizustehen; wer Güter hat, sei fleissig Anderen mitzutheilen; wer Erfahrung hat, sei beflissen Andere zu lehren....

Alle Gebildeten wünschen reich und angesehen zu werden, jetzt kann es jedoch Niemand werden, als die Blutsverwandten der Fürsten und Grossen und Günstlinge." —

Das Folgende im Texte ist Wiederholung aus Abschnitt 8 und 9. —

Die in diesen drei Abschnitten dargelegten Lehren sind mehr staatsmännisch, als socialistisch; sie haben aber doch auch eine hohe Bedeutung für's sociale Leben. Nur wenn die ausgezeichneten Männer des Staates für's Wohl desselben mitwirken, kann er gedeihen. Für den Staat ist es wichtig, die Aemter nur denen anzuvertrauen, welche über ihre Leistungsfähigkeit sich vor Jedermann ausweisen können. Höhere Aemter erfordern höhere Leistungen, sollen nicht Lohnstellen sein für. Dienste, welche anderwärts gethan sind, oder gar für Günstlinge. Höchstes Streben wird allerdings nur angeregt, wenn höchste Ziele in Aussicht stehen. Dass im Amte die Würde, Macht und das reiche Einkommen nur Mittel zum Zwecke effectiver Amtsführung sein sollen, nicht persönliche Belohnung, ist ebenfalls ein gesunder Gedanke. Im 9. Abschnitte ist dann die Wirksamkeit der Beamten charakterisirt. Nicht das Amt als solches beherrscht das Volk, sondern die Personen, welche das Amt bekleiden. Von Unfähigen lässt sich Niemand willig regieren. Die letzten Ursachen von Aufruhr sind gewöhnlich darin zu finden, dass die Anstifter und Leiter des Aufruhrs den Beamten oder Herrschern nach mancher Seite hin überlegen sind.

Der 10. Abschnitt hebt hervor, dass, wer herrschen will, ein Diener Aller werden soll. Dazu gehört Uebung. Der Dienst soll geschehen mit den Gaben, die ein Jeder besonders hat. Man soll das Eigentum nicht selbstisch geniessen, sondern zum Gemeingut machen. Das ist ein bedeutender Grundgedanke, der von den Leitern des Socialismus in mannigfaltiger Modulation ausposaunt wird, aber wo ist denn der Socialist, welcher seine Güter zum Besten der Arbeiter und der Armen überhaupt hergegeben hätte? Ein Lassalle prasste ebenso und schlimmer mit seinem Vermögen, als andere Capitalisten. Man sollte mehr auf solche Symptome achten und sich nicht als Mittel zu den selbstischen Zwecken solcher Maulhelden herabwürdigen lassen. Die Pfaffenherrschaft ist jetzt sehr verschrieen und mit Recht, aber gebessert wird gar nichts, wenn Capitalisten, Materialisten, Advokaten etc. das Volk tyrannisiren. Man beachte den wichtigen Punkt, ob sie dienen mit dem, was sie sind und besitzen, oder ob es auf Eitelkeit und Herrschaft hinauskommt. Micius war ein edles Vorbild seiner Lehre. Christus und seine wahrhaftigen Nachfolger sind das stets in aufopfernder Weise gewesen und zwar rein social. Für das Gedeihen eines Staates ist es jedenfalls sehr wichtig, wenn viele solche Beamte vorhanden sind, welche nicht sich selbst suchen, sondern von ganzem Herzen dem Wohle Anderer dienen innerhalb der Sphäre, welche ihr Amt abgrenzt. Die immer grössere Vervollkommnung jedes Dienstzweiges ergiebt sich dann, wie von selbst.

Man könnte auch wünschen, dass es besonders den Beamten des deutschen Reiches, überhaupt Jedermann, der ein öffentliches Amt bekleidet, recht zum Bewusstsein käme, dass sie persönlich Diener sind. Gefälligkeit und Höflichkeit, auch gegen den allergeringsten Staatsuntergebenen, würde viel leichter werden. Das Volk dagegen könnte leichter dahin gebracht werden, die Würde anzuerkennen und die schuldige Ehrerbietung zu leisten. Dieses greift aber schon wieder auf's ethische Gebiet zurück.

11.
Geltendmachung der Gleichheit.

„Im Anfang des Volkes des Altertums, als es noch keine Justiz gab, sprach Jedermann anders vom Rechte. So hatte ein

Mensch ein Recht, zwei Menschen hatten zweierlei, zehn Menschen
zehnerlei Recht. Als die Menschen sich mehrten, mehrte sich
auch, was sie Recht nannten. So hielt Jeder sein Recht für
gültig (wahr), das des andern für nichtig. Im Verkehr ver-
unglimpften sie einander. Vater und Sohn, ältere und jüngere
Brüder verfeindeten und zerstreuten sich, konnten nicht mit
einander harmoniren. Die 100 Geschlechter des Reiches be-
schädigten einander, wie Wasser und Feuer, oder wie Gift, so
dass sie bei übriger Kraft einander nicht halfen, die übrigen
Vorräthe verfaulen liessen, aber nicht unter einander theilten;
sie verheimlichten bewährte Verfahrungsweisen und belehrten
einander nicht — die Verwirrung des Reiches war wie bei Vögeln
und Vierfüssern.

Die Ursache dieser Verwirrung des Reiches entstand daraus,
dass man keine Vorsteher hatte. Darum wählte man den, der
im Reiche wohl der Vortrefflichste war und setzte ihn als Kaiser
ein. Dessen Kraft war jedoch unzureichend, so wählte man auch
noch solche, die wohl Vortreffliche waren, und setzte sie als die
drei Herzöge ein. Da aber das Reich noch viel zu gross war,
Völker entfernter Staaten und fremder Länder (umfasste), welche die
Unterscheidung von Wahrheit und Lüge, Nutzen und Schaden, auch
nicht eins und zwei, klar erkennen konnten, darum grenzte man
sämmtliche Staaten ab und setzte Fürsten und Staatsregenten
ein. Als das geschehen, war deren Kraft noch unzureichend.
Man erwählte also noch welche dazu, die wohl Vortreffliche
waren und setzte sie zu Vorstehern ein. Als die Vorsteher alle
parat waren, konnte sich die Regierung des Kaisers auf die
Geschlechter des Reiches erstrecken. Die Bekanntmachung lautete:
Hört ihr Gutes oder Nichtgutes, so berichtet es nach oben.
Was man oben bejahte, mussten Alle bejahen; was man verneinte,
mussten Alle verneinen. Hatten die Oberen Fehler, so mussten
sie (die Beamten) Vorstellungen machen nach der Norm. Hatten
die Unteren Gutes, so mussten sie es empfehlen. War Jemand den
Oberen gleich und die Unteren kamen ihm nicht gleich — dieses
wurde von den Oberen belohnt und von den Unteren gelobt. —
Angenommen, man hörte Gutes oder Nichtgutes und be-
richtete es nicht nach oben; was oben bejaht wurde, vermochte

man nicht zu bejahen; was oben verneint wurde, vermochte man
nicht zu verneinen etc. Dieses bestraften die Oberen und die
100 Geschlechter tadelten es. Die Oberen belohnten und bestraften
derartig.

Dann wird weiter aufgeführt, dass ein District nur zu lernen
hatte, was sein Vorsteher sagte und that. Der Vorsteher sollte
aber ein humaner Mann sein, der machte das Recht des ganzen
Districtes gleich. Von da ging's zum Staatsregenten. Der machte
das Recht (die Gerechtigkeit) des ganzen Staates gleich, dadurch
wurde der Staat wohl regiert. Waren die 100 Geschlechter mit
der Regierung des Staatsregenten nicht einverstanden, so ging's
an den Kaiser, der entschied; nach dem Kaiser hatte sich Jedermann zu richten. Nur der Kaiser konnte das Recht des ganzen
Reiches einheitlich und gleich machen; damit war das Reich
regiert. Die 100 Geschlechter des Reiches waren oben gleich
mit dem Himmel. War das einmal nicht der Fall, so war die
einjährige Bodencultur auch noch nicht verloren. Jetzt dagegen
giebt's Wirbelwinde und Wolkenbrüche, als Strafen des Himmels,
weil die Menschen-Geschlechter nicht übereinstimmen mit dem
Himmel oben.

12.
Geltendmachung der Gleichheit.
(Fortsetzung.)

„Da die Gleichheit mit dem Himmel so wichtig ist, deshalb
waren die heiligen Könige des Altertums klar über die Wünsche
des Himmels und der Dämonen (Geister) und stellten nichts auf,
was diese verabscheuten; damit suchten sie den Nutzen des
Reiches zu erhöhen, den Schaden zu entfernen. Deshalb leiteten
sie alles Volk des Reiches an zu fasten und sich zu waschen, sie
weihten Wein und Speisen zum Opfer für den Himmel und für die
Geister. In ihrem Geisterdienste wagten sie es nicht, Wein und
Speisen nicht ganz rein, die Opferthiere nicht recht fett, Edelsteine und Seidenzeug nicht in völligem Maasse darzubringen;
für die Frühlings- und die Herbstopfer wagte man nicht die
rechte Zeit zu versäumen; bei der Verhandlung von Criminalfällen
wagte man nicht anders als treffend zu sein; beim Vertheilen

von Gütern nicht anders als unparteiisch; zu Hause lebend wagte man nicht träge zu sein. So waren die Vorsteher.

Jetzt werden dieselben von den Regenten willkürlich eingesetzt; das Volk weiss, dass dieselben nicht eingesetzt werden, um das Volk wohl zu regieren. Darum entziehen sie sich ihnen und Niemand legt Werth auf Uebereinstimmung mit seinen Oberen. Darum hat das Reich kein gemeinsames Recht. Damit sind Belohnung und Belobung unzureichend zum Guten zu reizen, und Strafen und Tadel unzureichend Gewaltthat zu hemmen. Dann kommt es so weit, dass, was von oben getadelt, unten gelobt wird, was oben belohnt, unten verurtheilt wird. Es entsteht ein Zustand, wie zur Zeit, da es noch keine Vorsteher gab.

Die heiligen Könige des Altertums hatten eine solche Fühlung mit dem Volke, dass sie die Guten belohnten, ehe man in der Nachbarschaft noch recht davon gehört hatte; ebenso war's mit der Bestrafung der Nichtguten. Darum fürchteten sich alle Leute des Reiches und waren rührig und aufmerksam, wagten nicht, ausgelassen und gewaltsam zu sein. Die früheren Könige waren keine Götter, aber sie brachten es fertig, die Augen und Ohren von Anderen zu gebrauchen, um dem eigenen Sehen und Hören beizustehen (nachzuhelfen), sie gebrauchten die Lippen von Anderen, um den eigenen Worten und Reden, das Herz von Anderen, um dem eigenen Nachdenken, die Hände und Füsse von Anderen, um der eigenen Arbeit beizustehen. Weil diese verschiedene Hülfe zahlreich war, darum wurden die Sachen schnell beendet. Da dem Kaiser von den Staatsregenten sowohl das Gute als das Nichtgute, wovon sie hörten, schleunigst berichtet wurde, so traf die Belohnung den Vortrefflichen, die Strafe den Gewaltthätigen; kein Schuldloser wurde hingerichtet und kein Verbrecher entkam. Dieses ist also der Erfolg der Geltendmachung der Gleichheit.

13.

Geltendmachung der Gleichheit.

(Schluss.)

„Es ist die Sache des Einsichtigen herauszufinden, wodurch der Staat, die Familie und die 100 Geschlechter wohl regiert werden und das zu thun, zu erkennen, wodurch sie verwirrt werden und das zu meiden. Jenes geschieht, wenn die Oberen die Gefühle der Unteren finden, d. h. wenn sie in Klarheit sind über das, was das Volk als gut anerkennt oder verwirft. Dann kann man die Guten belohnen und die Gewaltthätigen bestrafen, und der Staat wird wohlregiert.

Wie findet (berechnet) man aber die Gefühle des Volkes? Eben durch Geltendmachung der Gleichheit von einem Rechte.

Bei den verschiedenen Rechtsansichten, soviel Köpfe, soviel Verschiedenheit, kommt es zu Kampf im Grossen und zu Streit im Kleinen. Darum geschah die Wahl der Beamten (hier wiederholt aus 11 und 12), der drei Herzöge, als Gehülfen des Kaisers, dann die Theilung des Reiches in Staaten, für welche Fürsten gewählt wurden. Diese bekamen Würdenträger als Gehülfen. Dann wurden noch Dorfvorsteher und Familienregenten erwählt. · Sie wurden für nichts anders gewählt, als zur Mithülfe für die Regierung, und um (dem Regenten) zu helfen zur Klarheit zu kommen. Jetzt dagegen sind da Vorsteher, welche ihre Unteren nicht regieren können; es sind da Unterthanen, welche ihren Oberen nicht dienen können; dieses kommt daher, dass Obere und Untere einander gering achten. Warum? — Weil die Gerechtigkeit (Rechtsansicht) nicht gleich ist. Daraus entstehen die Parteiungen. Die Oberen halten Jemanden für gut und belohnen ihn, vor den 100 Geschlechtern trifft denselben eben deshalb Tadel und umgekehrt. Belohnung und Strafe wirken dann nicht. Wie ist dem abzuhelfen? Micius sagte: Warum lässt man nicht die Familienregenten es versuchen, öffentlich für ihre Familien bekannt zu machen: Wer Jemand sieht, welcher die Familie liebt und ihr nützt, zeige es an; wer Jemand sieht, welcher die Familie hasst und sie schädigt, soll es ebenfalls anzeigen. Sieht man, dass Liebe und Nutzen der Familie angezeigt wird, so liebt und nützt man der Familie. Die Oberen erfahren es und belohnen die Betreffenden, und die Menge hört und belobt es. So bei der Strafe für die, welche hassen und Schaden bringen. So werden die Familien regiert und zwar von oben durch Geltendmachung der Gleichheit eines Rechtes. Doch da es im Reiche eine grosse Anzahl Familien

giebt und nach obiger Regel nur die des betreffenden Familienregenten regiert wird, nicht aber die der Andern, darum wiederholt sich dieselbe Form beim Staatsregenten, dem Fürsten und
dann beim Reichsregenten oder Kaiser. Doch werden hier die
Räthe des Staatsregenten von den Familienhäuptern gewählt
und die Räthe des Kaisers von den Staatshäuptern; dort Gerechte aus ihren Familien, hier Gerechte aus ihren Staaten.
Von den Staatsregenten werden die belohnt, welche dem Staate
nützen, von dem Kaiser die, welche dem Reiche nützen.

Der Kaiser fasst dann auch seine Gerechtigkeiten (Rechts-
anschauungen) zusammen und bringt sie in Uebereinstimmung
mit dem Himmel.

Es werden somit alle Staaten des Reiches regiert, wie
eine Familie, und alle Unterthanen des Reiches geleitet, wie
man einen Bürger leitet. Ein altes Sprichwort sagt: Ein Auge
sieht nicht, wie zwei Augen, ein Ohr hört nicht, wie zwei Ohren,
eine Hand packt nicht, wie zwei Hände. Die heiligen Könige
gingen nicht selbst und sahen und hörten (doch) auf 1000 Meilen."

Hier sind die bedeutensten politischen Momente hervorgehoben: Mitregierung des Volkes, richtige
Würdigung der Rechtsanschauung des Volkes,
zugleich aber auch der ewigen himmlischen Gesetze,
welche der Kaiser vertritt. Wir haben hier schon eine
durchgebildete Volksvertretung. Diese ist auch stets in
China in Kraft gewesen, obschon anders gestaltet. Die
Regierung vermag selten etwas, oder sie wagt es nicht
einmal, etwas zu thun gegen den Willen der Municipal-
verwaltung, welche in den Händen des Volkes oder seiner
Vertreter ist. Diese ist aber auch für vieles verantwortlich,
was nicht in unsere europäische Rechtsanschauung passt.

Wird das Prinzip der Uebereinstimmung gut durch-
geführt, so giebt's jedenfalls einen strammen Einheitsstaat.
Die Idee streift an die der römischen Hierarchie, doch wird
der Kaiser noch nicht als unfehlbar anerkannt, sondern
muss sich gegentheilige Vorstellungen gefallen lassen.

Die Gefahr liegt darin, dass das vorgeschlagene
Spionirsystem bald ausartet und in die grösste Tyrannei

umschlägt, so dass schliesslich Niemand eine Meinung zu äussern wagt, welche den Oberen missfällig sein könnte. So lange tüchtige, wohlgesinnte Männer Vorsteher sind, geht eine solche Maschine sehr gut; sie kommt aber sofort in's Stocken, wenn die ethische Qualification fehlt. Das ist die Gefahr vieler solcher Staatstheorieen, dass sie Faktoren voraussetzen, welche in der Wirklichkeit nie so zuverlässig sind.

Ferner ist es fraglich, ob diese eine Rechtsanschauung, welche schliesslich mit Gewalt gegen die Minorität zur Geltung gebracht wird, heilsam ist für die Entwicklung des Staatslebens. Wir können das Gegentheil behaupten. Die Stagnation würde bald schlimmer werden, als die jetzige chinesische. Fühlung soll die Regierung allerdings mit dem Rechtssinne des Volkes behalten, daraus das Recht sich bilden lassen. Die Staatsgesetze bringen dann auch den allgemeinen Willen zum Ausdruck, aber diese Staatsgesetze können nie unbedingt als unabänderliche Naturgesetze gelten. Man beachte auch die Philosophie über Entstehung des Staates im 11. Abschnitt.

14.
Communistische Liebe.

„Die heiligen Männer, deren Geschäft es ist, das Reich wohl zu regieren, müssen erkennen, woraus Unordnung entsteht; dann vermögen sie dieselbe zu ordnen. Wie z. B. ein Arzt zuvor den Ausgangspunkt der Krankheit erkennen muss, dann erst kann er dieselbe angreifen. So sollten die Heiligen untersuchen, wie sich (Rebellion) Unordnung erhebt. Sie entsteht aus Mangel an gegenseitiger Liebe. Dass Minister und Söhne nicht unterthänig (kindlich) sind gegen Regenten und Väter, heisst Unordnung. Der Sohn liebt sich selber, liebt nicht den Vater; er benachtheiligt daher den Vater und nützt sich selber, so macht es der jüngere Bruder gegen den älteren, der Minister gegen den Regenten. Dieses wird Unordnung genannt. Selbst wenn der Vater nicht gütig ist gegen den Sohn, der ältere Bruder nicht gütig gegen den jüngeren, der Regent nicht gegen den Minister, *) so wird dieses vom Reiche auch Unordnung genannt. Der Vater liebt sich selber, ebenso der ältere Bruder und der Regent; Alles entsteht aus dem Mangel an gegenseitiger Liebe.

So ist es auch mit den Dieben und Räubern des Reiches. Der Dieb liebt sein Haus und nicht das fremde, er bestiehlt daher jenes um seinem Hause zu nützen. Der Räuber liebt seine Person, nicht die anderen, er beraubt andere daher um seiner eigenen Person zu nützen. Woher dieses? Es entsteht alles aus dem Mangel an gegenseitiger Liebe. Selbst dass die Statthalter einander gegenseitig die Häuser zerstören und der gegenseitige Angriff der Fürsten auf die Staaten hat denselben Grund. Jeder Statthalter liebt sein Haus, liebt nicht das fremde; er verwirrt daher jenes um seinem eigenen Hause zu nützen.

So machen es die Fürsten mit den Staaten.

Alle Verwirrung im Reiche ist darunter befasst. Erforscht man, wie dergleichen entsteht, so ist es alles aus dem Mangel an gegenseitiger Liebe.

Veranlasste man im Reiche unterschiedslose gegenseitige Liebe gegen Andere, wie gegen die eigene Person und hasste es Insubordination zu zeigen, gäbe es dann wohl Mitleidslose? Betrachtete man Kinder, jüngere Brüder und auch Minister wie die eigene Person und scheute es nicht Mitgefühl zu zeigen, so hörte jede Insubordination auf. Betrachtete man die Häuser Anderer wie das eigene, wer würde stehlen? Betrachtete man andere Personen wie die eigene, wer würde rauben? Betrachtete man andere Familien wie die eigene, wer würde sie verwirren? Betrachtete man andere Staaten wie den eigenen, wer würde angreifen? — Damit wäre das Reich wohl regiert. Wie können also Heilige, deren Geschäft es ist, das Reich zu regieren, anders als Hass niederhalten und zur Liebe reizen? Darum ist das Reich wohl regiert, wenn unterschiedslose gegenseitige Liebe herrscht; aber es ist in Verwirrung bei gegenseitigem Hasse."

---

*) Also umgekehrt von dem, was oben zuerst hervorgehoben ist; jenes ist Pflicht, kann erzwungen werden im chinesischen Staate; Vater und Regent dagegen haben keine Autorität über sich.

15.

Communistische Liebe.

(Fortsetzung.)

„Das Geschäft des humanen Menschen ist es, den Nutzen des Reiches zu fördern, dessen Schaden wegzuräumen. Was ist nun des Reiches Nutzen oder sein Schaden? Die oben geschilderten Kämpfe der Staaten, der Familien, der Einzelnen gegen einander sind der Schaden, der aus Mangel an gegenseitiger Liebe entsteht. Hat man im Reiche keine gegenseitige Liebe, so wird der Starke den Schwachen packen, der Reiche den Armen höhnen, der Angesehene den Niedrigen übermüthig behandeln, der Schlaue den Dummen betrügen. Alles Elend, Anmassung (Entreissen), Aerger und Unwille im Reiche entstehen aus dem Mangel an gegenseitiger Liebe.

Deshalb verurtheilt der Humane dieses. Aber wie ist es zu ändern? Durch das Gesetz communistischer (unterschiedsloser), gegenseitiger Liebe und durch Austausch gegenseitigen Nutzens wird das geändert.

Das Gesetz ist schon beschrieben mit: Liebe, was des Andern ist, wie das Eigene.

Ja! sagt man, hätten wir Communismus, so wäre es gut, aber die Schwierigkeit des Reiches liegt eben in den (bestehenden) Verhältnissen.

Dagegen sagt Micius: Die Gebildeten und Edlen kennen nur den Nutzen nicht, um die Verhältnisse zu sichten. Städte stürmen oder Schlachten liefern, das Leben für Ruhm dahingeben, das fällt allen Geschlechtern des Reiches schwer; hat jedoch der Regent Gefallen daran, so können Officiere und Gemeine es doch ausführen, wie viel mehr communistische gegenseitige Liebe und Austausch gegenseitigen Nutzens, welche davon verschieden sind (d. h. welche in keine Gefahr bringen)? Denn wer Andere liebt, den werden sie wieder lieben, wer Andern nützt, dem werden sie wieder nützen. So umgekehrt, wer Andere hasst oder beschädigt. Was für Schwierigkeiten hätte die Durchführung? Nur die, dass die Oberen dies nicht zum Regierungsprinzip machen, und die Gebildeten es nicht im Wandel ausführen.

Beispiele aus der alten Geschichte, nach welchen die Hofbeamten schlechte Kleider trugen oder sich enge Taillen erzwangen, deshalb nur eine Mahlzeit essen; Andere gingen für einen Fürsten in das von ihm angezündete Schiff und verbrannten.

Doch heisst es: Der Communismus ist gut, aber ein undurchführbares Ding, wie wenn man ein Hochgebirge nehmen und damit über Flüsse springen wollte. Dagegen sagt Micius: Das Gleichniss passt nicht, da das noch Niemand vermochte. Mit der communistischen gegenseitigen Liebe und dem Austausche gegenseitigen Nutzens ist es dagegen anders, das haben die heiligen Könige vollbracht. So Yu, der das Wasser ableitete u. s. w. Das (specielle Beispiel) führe ich jetzt allgemein durch.

So war die Regierung des Königs Wan im Westen beschaffen. Er duldete keine Beleidigung noch Gewalt, so dass Jedermann sein Auskommen fand. Das führe ich jetzt unterschiedslos durch.

König Wu zog humane Leute seinen Verwandten vor, die Schuld aller Regionen suchte er bei sich, dem einen Manne. Das führe ich jetzt allgemein durch.

Wünschen jetzt die Edlen des Reiches treu und wahrhaftig, dass das Reich wohlhabend werde und hassen sie dessen Armut, wünschen sie seine Wohlregierung und hassen dessen Verwirrung, so sollten sie communistische gegenseitige Liebe üben und Austausch des gegenseitigen Nutzens. Das ist das Gesetz der heiligen Könige. Der Weg zur Wohlregierung des Reiches sollte nicht unerstrebt bleiben."

16.
Communistische Liebe.
(Schluss.)

„Die grossen Schäden des Reiches werden noch einmal aufgezählt: ein Gegeneinander; die Einzelnen handeln entgegengesetzt ihrer Pflicht als Regent, Vater etc. Dazu kommen die eigentlichen Räuber. Dieses alles geschieht nicht aus Liebe und zum Nutzen, sondern aus Hass und zur Beschädigung Anderer. Stammen diese nun aus Communismus oder aus Unterschiedmachen? Da muss man sagen: aus Unterschiedmachen. So entstammen die Schäden alle dem Unterschiede im Verkehr, darum ist das Unterschiedmachen verwerflich. —

Wer Andere verurtheilt, muss etwas haben, sie zu ändern, sonst ist es, wie mit Wasser vom Wasser erretten. Solche Rathschläge müssen unannehmbar sein. Das Unterschiedmachen in den Communismus des Micius zu ändern, wie kann das geschehen? — Andere Staaten wie den eigenen behandeln, Hauptstadt und Familie ebenso, das wäre der Nutzen des Reiches.

Das Unterschiedmachen zu verurtheilen und Communismus zu behaupten, ergiebt sich, wie ein Quadrat.

Die scharfen Ohren und klaren Augen würden für einander sehen und hören, starke Hände und Füsse würden sich für einander regen und Vorsorge treffen, die, welche Erfahrungen haben, würden einander belehren; da würden Alte, Weib- und Kinderlose auch Ernährer finden, um ihre Jahre voll zu machen; Zarte und Waisen hätten Zuflucht, um auferzogen zu werden.

Daher ist es unbegreiflich, dass die Gebildeten des Reiches die Lehre vom Communismus verwerfen und doch dabei nicht consequent bleiben, da sie dieselbe gut nennen, nur unbrauchbar. Doch wie kann etwas gut sein und unbrauchbar? Z. B. ein Gebildeter hält fest am Unterschiedmachen, der sagt: Wie kann ich für die Person meines Freundes sein, was ich für die eigene Person bin? Wie für die Verwandten derselben, was ich für die eigenen bin? Er sieht seinen Freund hungrig und speist ihn nicht, frierend und kleidet ihn nicht, krank und pflegt ihn nicht, todt und begräbt ihn nicht.

Der communistische Gebildete sagt dagegen: Ich habe gehört, dass hervorragende Gelehrte im Reiche für die Person ihres Freundes sein werden, was sie für die eigene sind, für dessen Verwandte, was sie für die eigenen sind; dann mögen sie hervorragende Gelehrte sein. Sehen sie ihren Freund hungrig, so speisen sie ihn etc. Die Worte des communistischen Gebildeten sind so, seine Handlung ist ebenfalls so.

Die Lehren der Beiden verurtheilen sich gegenseitig, ihr Wandel ist entgegengesetzt. Angenommen, es sei jeder wahrhaftig,

Wort und Wandel in strengster Uebereinstimmung, welchem wird ein Officier, der sein Leben in der Schlacht oder in gefahrvoller Sendung daransetzt, die zurückgelassenen Weiber und Kinder anvertrauen? — Doch gewiss dem Communisten; selbst der dümmste Mann, die dümmste Frau, auch wenn sie den Communismus in Worten verwerfen, werden ihn doch in der That annehmen. (Vgl. Mencius §. 373).

Nun aber sagt man: Das Communistische ist gut, um Unterbeamte zu erwählen, doch nicht geeignet für die Wahl des Regenten. Wieder werden Beispiele angeführt, dass ein Regent, welcher Unterschied macht, sagt: Wie kann mir Jedermann der Myriaden des Volkes sein, was mir meine eigene Person ist? — Das wäre übertriebene Sentimentalität in der Welt! Der Mensch lebt nicht lange auf Erden, sondern wie ein Gespann Pferde ein Thal entlang rennt! Er sieht also seine Myriaden des Volkes hungrig und speist sie nicht, frierend etc. Der Communistische umgekehrt (wie der Gebildete, siehe oben).

Was für einen würde das Volk wählen, wenn eine Pestilenz herrscht, wenn Viele frieren und hungern, eine Menge draussen im Freien stirbt? Niemand, selbst thörichte Männer und Frauen die sonst den Communismus verdammen, würden nicht dem communistischen Regenten folgen. Mit Worten verurtheilt man den Communismus, in der Wahl nimmt man ihn an; da ist Wort und Handlung im Widerspruch. Unbegreiflich ist es, dass, wer im Reiche von Communismus hört, ihn auch verurtheilt. — Die Möglichkeit der Ausführung wird nun noch einmal bewiesen durch die Beispiele des Wan, Yu und Thang, auch aus dem Liederbuche. Dennoch hört die Verdammung des Communismus nicht auf. Man sagt: Es sei derselbe nicht Hingebung an den Vortheil der Verwandten, er sei Beschädigung der kindlichen Pietät. Micius antwortet: Lasst uns versuchen auf den Grund zu gehen. Ein pietätsvoller Sohn wird doch wohl für die Verwandten überlegen; wird er wohl wünschen, dass andere sie lieben und ihnen nützen oder dass sie dieselben hassen und benachtheiligen? — Jedenfalls doch das Erstere. Dann muss er jedoch erst mit gutem Beispiel vorangehen, hernach vergelten es die Leute mit Liebe und mit Vortheil. Hasst man

aber thatsächlich die Verwandten Anderer, so vergelten diese es
mit Hass gegen die eigenen Verwandten.

Nähme man das nicht als Beweis, so liesse sich's aus dem
Liederbuche begründen:

Kein Wort ohne Entgegnung,
Keine Tugend ohne Vergeltung;
Er warf mir Pfirsiche zu,
Vergelt's ihm mit Pflaumen. (s. Lieder III 3 II 8.)

Man wendet die Schwierigkeiten ein. Doch es wurden
andere Dinge ausgerichtet, die auch schwierig waren.

So der König Ling, (539—528 vor Chr.), der die kleinen
Taillen durchsetzte. Es vergeht noch keine Generation, und das
Volk lässt sich ändern d. h. es sucht das Echo seiner Oberen
zu machen.

So der König Kao-tsin von Yueh, (473 vor Chr. ver-
nichtete er den Staat Wu), der tapfere Leute wollte. Für ihn
verbrannten sich mehr als 100 Mann.

So Herzog Wan von Tsin, (634—627 vor Chr.), der
grobe Kleider liebte, seine Leute richteten sich darnach.

Schmale Kost, brennendes Schiff und grobe Kleider, das
ist, was man in der Welt am schwersten vollbringt, und doch
geschah es. Communistische gegenseitige Liebe hat Nutzen und
ist leicht zu vollbringen über alle Berechnung hinaus. Nur
fehlt jetzt die Begünstigung durch die Oberen; wäre diese da,
würde angespornt dazu durch Belohnung und Lob, Furcht beigebracht durch Strafe und Tadel — ich meine, die Menschen
kämen zu communistischer gegenseitiger Liebe und im Verkehr
zu gegenseitigem Nutzen, wie Feuer aufwärts steigt, wie Wasser
abwärts fliesst: es wäre kein Einhalt zu thun im Reiche.

Der Communismus ist also der Weg der heiligen Könige,
(Vgl. Mencius §. 362 etc.), wodurch Könige, Herzöge und die
Grossen (Statthalter) Frieden erlangen, alles Volk Kleider und
Essen zur Genüge erlangt. Deshalb sollte jeder Edle den
Communismus erforschen und sich bestreben ihn auszuführen.
Die Regenten würden gütig, die Hofbeamten hingebend, die
Väter würden mitleidig, die Söhne pietätsvoll, die älteren Brüder
freundschaftlich, die jüngeren Brüder brüderlich. Wer solches

wünscht, soll die Leute zum Communismus bekehren und denselben nicht unausgeführt lassen. Dieses ist der Weg der heiligen Könige und er ist allem Volke von grossem Nutzen."

Wir hatten kein besseres Wort als „Communismus",
das ja wörtlich „Gemeinsamkeit" bedeutet. Der Gedanke
ist: nichts Gutes allein, sondern allen Menschen gemein.
Das ist der richtige Grundgedanke, der auch im evangelischen
Christentume zu Tage tritt.

Anfangs scheint es auch, als ob das durch gegenseitigen
Liebesdienst geschehen solle, schliesslich geht's aber doch
auf Druck durch staatliche Gewalt hinaus. Darin liegt der
Unterschied von der evangelischen Vorschrift. Wir dürfen
und sollen die lauteren d. h. der Wahrheit entsprechenden,
communistischen Ideen predigen und auch deren berechtigte
Consequenzen ziehen, da es im Sinne Christi nur freiwillige
Gemeinsamkeit in gegenseitiger Liebesübung geben darf.
Der Staat kann dieselbe, also den Communismus, nicht zur
Basis seiner Regierung machen, da er nicht weit damit
kommen würde. Die Eigenliebe ist stärker als die gegenseitige, der Staat kann durch Gesetze leider fast nur
Schranken setzen, die Triebkraft zum Besseren muss aus
Belehrung entspringen, kann nicht aus Gesetzeszwang entstehen. Die Regierung hat keine Zeit und leider auch
vielfach keinen Verstand zum Unterrichten. Der Unterricht
soll deshalb nicht losgetrennt sein von der staatlichen Leitung,
sondern nur nicht etwa derartig ihr unterstellt, dass die Oberen
lehren lassen, was sie für gut finden. Das richtige Correktiv
des ganzen Abschnittes ist eigentlich schon in dem Abschnitte über „Gleichheit" gegeben: Micius kommt doch
etwas in Widerspruch mit seiner dortigen Lehre der quasi
Volkssouveränität. Auch passt diese communistische Lehre
nur für einen verhältnissmässig sehr kleinen Theil des
Volkes. Unter habgierigen Menschen Liebe zu üben ist
keine leichte Sache. Man findet zu viele Menschen, welche
faktisch denken: Was dein ist, dass ist mein, und was mein
ist, geht dich nicht an. Man lässt sich Liebesdienste gefallen, ist aber äusserst selten bereit zur Erwiederung

derselben. Gar manche edelgesinnte Männer haben deshalb mit
Menschenliebe ihre Thätigkeit angefangen und mit Menschen-
hass beschlossen. Andere haben aus Verzweiflung Hand an
sich selbst gelegt. (z. B. St. Simon 1823. Fr. List 1846.)
Zuerst müssen die Menschen für uneigennützige Liebe
empfänglich gemacht werden. Das kann nur durch göttliche
Liebe geschehen. Wenn diese ein Menschenherz bewegt,
so wird man aushalten in Beweisung edler Liebe, wie uns
darin Christus das Vorbild gegeben hat. Man bedenke
aber wohl, er wurde für seine alleruneigennützigste Liebe
und Hingebung zum Besten der Menschen an's Kreuz ge-
nagelt. Ein solches Loos kann man erwarten, wenn man
wirklich Ernst macht mit der Durchführung dieser Lehren.
Richtig ist jedoch, dass allein durch selbstverleugnende
Liebe der Welt geholfen werden kann. Je mehr uneigennützige, gegen Andere so liebevolle Menschen in einer
Gesellschaft sich befinden, desto besser steht's um dieselbe.
Daher sollten alle Werke der Liebe von Seiten des Staates
und aller Einsichtsvollen Anerkennung und Förderung finden.
Dieses auch noch deshalb, weil dadurch der Wohlthätigkeits-
sinn gepflegt wird, welcher das festeste Band ist — für die
sonst feindseligen Elemente unter den Menschen.

Der Eigennutz, insofern er in legalen Schranken bleibt,
hat allerdings hohe Wichtigkeit für das Staatsleben. Die
Arbeit, soweit sie auf Erwerb zielt, erhält durch dieses
eigennützige Streben hauptsächlich ihre frische Triebkraft.
Für die Liebe giebt es kein Gesetz, wohl aber für den
Eigennutz in seinen verschiedenen Erscheinungsformen. Das
Recht grenzt ihn ab, weist ihn in bestimmte Schranken.
Wo jedoch das Element der Liebe nicht das starre Recht
mildert und ergänzt, da geht es auf die allerrechtlichste
Weise in den Abgrund. An den Schäden der Zeit ist fast
immer Lieblosigkeit Schuld, — freilich nicht allein, Unsitt-
lichkeit im weitesten Sinne geht gewöhnlich daneben her.

Der Socialismus und Communismus haben volles Recht
in Hervorhebung des Ideals. Das starre Eigentum, die
Herrschaft des Capitals etc. sind Uebel. Aber die vorge-

schlagenen Mittel zur Abhülfe sind meist noch grössere
Uebel. Man lerne indessen so viel von Micius, dass nicht
Erregung von Verbitterung, sondern gegenseitige
Liebe das Heilmittel ist. Darin sollten die Communisten
mit gutem Beispiele vorangehen, liebevoll untereinander,
gegen Andersdenkende, auch gegen die Arbeitgeber und
gegen die Regierung. Der schliessliche Erfolg würde durchschlagend sein.

Jetzt dagegen predigt man Hass und erzeugt dadurch
den Hass auf der andern Seite. Das ist das Gegentheil von
gesundem Communismus und von berechtigtem Socialismus.
Noch ist hervorzuheben, dass unterschiedslose Liebe im
weitesten Sinne zunächst ein Ding der Unmöglichkeit ist.
Die Liebe hat immer Abstufungen. Diese müssen inne gehalten werden. Es ist unnatürlich, Jedermann zu lieben,
wie die nächsten Verwandten. In gewissen Fällen kann
man Anderen wohl eine solche Behandlung zu Theil werden
lassen, wie jenen, doch nicht als allgemeine Regel. Ist die
Polemik des Mencius gegen die Schüler des Mih (vgl.
Mencius §§. 423 u. 433) gerechtfertigt, so liessen sich
dieselben viele Ausschweifungen in ihren Lehren zu Schulden
kommen. Anstatt zu engerer Verbindung der Gesellschaft führt
der falsche Communismus in einen allgemeinen Brei derselben.
Doch tritt diese Consequenz bei Micius noch nicht hervor.

17.

Verdammung des Angriffskrieges.

„Ist da ein Mensch, der in den Obstgarten eines Andern
dringt und dessen Pfirsiche und Pflaumen entwendet, und die
Menge hört davon, so verurtheilt sie es; kommt er in die
Hände der Regierenden, so bestrafen sie ihn. Warum das?
Weil er Andere benachtheiligt, um sich selbst zu nützen. Der
Diebstahl von Hunden, Mutterschweinen, Hühnern und Mast-
schweinen ist eine grössere Ungerechtigkeit, als Obstentwendung.
Warum das? Weil die Benachtheiligung Anderer grösser, die
Lieblosigkeit tiefer, die Schuld mächtiger ist. Dringt man ein in

die Ställe und nimmt Pferde und Rinder weg, so ist die Inhumanität und Ungerechtigkeit wiederum grösser als der Diebstahl von Hunden etc. Warum das? Die Benachtheiligung Anderer ist grösser, die Inhumanität tiefer, die Schuld mächtiger. Mordet man Unschuldige, zieht ihnen die Kleider aus, nimmt die Waffen weg, so ist die Ungerechtigkeit wiederum grösser, als wenn man in die Ställe Anderer eindringt und Pferde und Rinder wegnimmt. Warum das? Weil die Benachtheiligung Anderer grösser ist u. s. w.

Alle Edlen unter dem Himmel (im Reiche) erkennen das, verdammen es und nennen es Ungerechtigkeit. Das Allergrösste nun aber, den Angriff auf einen Staat, den zu verdammen verstehen sie nicht, sondern beloben ihn und nennen ihn Gerechtigkeit. Wie ist das? Heisst das den Unterschied von Gerechtigkeit und Ungerechtigkeit erkennen? Einen Menschen tödten heisst Ungerechtigkeit und muss die Schuld einer Todesstrafe haben. Geht man in dieser Weise weiter, so ist das Tödten von 10 Personen zehnfache Ungerechtigkeit; so wird es zehnfache Schuld des Todes sein müssen. Das Tödten von 100 Personen ebenso hundertfach. Das erkennen alle Edlen des Reiches und verdammen es als Ungerechtigkeit. Aber die grösste Ungerechtigkeit, den Angriffskrieg auf einen Staat, verdammen sie nicht, beloben ihn sogar, nennen ihn recht. Das Gefühl begreift dessen Ungerechtigkeit nicht. Darum bringt man die Erzählung davon in Bücher zur Ueberlieferung auf die Nachwelt. Erkennete man die Ungerechtigkeit, würde man wohl Bücher darüber schreiben, um sie auf die Nachwelt zu bringen?

Wäre da ein Mensch, welcher, sähe er ein wenig Schwarz, es schwarz, sähe er viel Schwarz, es weiss nennen würde, so verstände derselbe nicht Schwarz von Weiss zu unterscheiden. Würde er beim Kosten von ein wenig Bitterem, es bitter nennen, beim Kosten von viel Bitterem es süss nennen, so würde derselbe den Unterschied von Süss und Bitter nicht verstehen. Wird nun im Kleinen Unrecht begangen, und man erkennt und verurtheilt es, geschieht's im Grossen, als Angriffskrieg gegen einen Staat, und man erkennt's und verdammt's nicht, sondern belobt es und nennt es Gerechtigkeit: wie versteht man die

Unterscheidung von Gerechtigkeit und Ungerechtigkeit? Damit erkennt man, dass die Edlen des Reiches verwirrt sind in Beziehung auf Unterscheidung von Gerechtigkeit und Ungerechtigkeit.

18.
Verdammung des Angriffskrieges.
(Fortsetzung.)

In der Regierung der Staaten und Familien wünschten die Fürsten und Grossen des Altertums von Herzen, dass die Lobeserhebungen vorsichtig, Belohnungen und Strafen richtig, Justiz und Verwaltung nicht ausgeartet seien. Die Alten hatten ein Sprichwort: »Sind Pläne ohne Erfolg, so verstehe man mit dem, was fortgeht, wiederzukommen, an dem Ersichtlichen einen Rückhalt zu haben.«

Jetzt haben die Anführer im Winter Furcht vor der Kälte, im Sommer vor der Hitze; darum beginnen sie nichts in diesen Jahreszeiten. Im Frühjahre entziehen sie das Volk dem Pflügen, dem Säen und Pflanzen, im Herbste der Einerndtung. Man entzieht dem Volke nicht nur eine Jahreszeit, so dass der Verhungerten und Erfrorenen Unzählige sind.

Man versuche zu berechnen in der Armee die Bambuspfeile, die befiederten Flaggen, Zelte, Helme, Schilde, Geschosse, die ausgehen, zerbrochen und verbraucht werden und nicht zurückkommen — sie sind unzählbar. Dann die Hellebarden, Spiesse, Schwerter und Streitwagen, welche brauchbar hinausgehen, zerbrochen und verbraucht werden und nicht wieder zurückkommen — sie sind unzählbar. Dann die Rinder und Pferde, welche fett ausziehen und mager zurückkommen — sie sind unzählbar. Dann, da die Wege in grosse Entfernungen gemacht werden, geht der Proviant aus, und die vom Volke sterben — sind unzählbar. Dann, die keine friedliche Wohnstätte, ihr Essen nicht zur Zeit, Hunger und Sättigung nicht regelmässig haben, das Volk, das auf den Landstrassen krank liegt und stirbt — ist unzählbar. Ebenso ist die Masse der gefallenen Truppen — unzählbar. Diese Verluste werden dem Volke zugefügt, um den Namen eines Ueberwinders davon zu tragen. Was man selbst dabei gewinnt, ist nutzlos; was man erlangt, ist nicht so viel, als was man verliert. Beim Angriff auf Städte etc. werden viele Soldaten und Einwohner getödtet. Man erhält dann ödes Land und hat nicht genug Einwohner. Einige Staaten haben allerdings durch Kriege zugenommen, deshalb ist aber doch dieser Weg nicht der angezeigte. Ebenso, wie eine angepriesene Medicin, welche aus 10,000 nur vier oder fünf Personen nützt, nicht eine gangbare Medicin genannt wird, ein kindlicher Sohn gibt sie nicht seinen Eltern, ein treuer Minister nicht seinem Regenten. (Nach einer Anmerkung zu Abschnitt 19 gab es zur Zeit Yu's über 10,000 Staaten. Zur Zeit Thang's waren dieselben auf 3000 eingeschmolzen. Zur Zeit des Micius waren diese auf die vier Grossstaaten Tshi, Tsin, Tshu und Yueh reducirt. Es gab ausser diesen wohl noch etliche andere Staaten, die aber eben keine politische Bedeutung mehr hatten. Tshin, welches später alle verschlang, war durch ausserchinesische Annexionen gross geworden, das chinesische Russland.) Es werden nun Beispiele aus der chinesischen Geschichte angeführt, wie kleinere Staaten von den benachbarten grösseren durch Kriege absorbirt wurden. Ferner sagen die Kriegerischen: Jener vermag seine Schaar nicht zu organisiren, ich vermag es. Darum werde ein Angriffskrieg im Reiche unternommen; wer wagte, sich nicht zu unterwerfen! Weitere Beispiele, dass eigenes Verderben schliessliches Resultat war. Ein altes Sprichwort heisst: »Sind die Lippen fort, so werden die Zähne kalt.« Das Lied sagt: »Die Fische im Wasser, die nicht nach dem Lande hinstreben (in's seichte Wasser), wie will man sie erreichen?« Aus den Beispielen ergiebt sich, was das alte Sprichwort sagt: »Der Edle spiegelt sich nicht im Wasser, sondern in den Menschen.« Wer sich in den Menschen spiegelt, sieht Heil und Unheil.

19.
Verdammung des Angriffskrieges.
(Schluss.)

Was man jetzt im Reiche als gut preist, ist: oben den Vortheil des Himmels, in der Mitte den der Verstorbenen (Dämonen) und unten den der Menschen zu treffen. Ist der rechte Sinn des Lobpreisens verloren, so trifft man diesen dreifachen Vortheil nicht. Die jetzigen Fürsten sind auch wie Blinde, welche mit anderen Menschen die Benennung schwarz und weiss haben, ohne die Dinge danach unterscheiden zu können.

Die humanen Männer der Vorzeit verfolgten eine friedliche Politik; sie dienten mit den Erträgen des Feldbaues dem höchsten Gott, den Bergen und Strömen und den Geistern; sie nützten den Menschen viel, ihr Verdienst war darum gross. Jetzt überfällt man schuldlose Staaten mit Krieg, überschreitet deren Grenzen, schneidet das Getreide ab, fällt die Bäume, verwüstet Städte und Vorstädte, verstopft Gräben und Teiche, tödtet das Schlachtvieh, zerstört die Ahnentempel mit Feuer, tödtet Myriaden Einwohner mit dem Schwert, unterdrückt die Alten und Schwachen, führt die werthvollen Gefässe weg. — Unter den Soldaten, die Helden im Streite sind, heisst es: »Aufopferung des Lebens ist das höchste, Viele zu tödten kommt darnach, und am· Leibe Wunden davontragen ist zu unterst.« Wie viel schlimmer gilt also Flucht und Unordnung! Das ist Todessünde ohne Tödtung (langsames Sterbenlassen?), um die Menge einzuschüchtern.

Höhere und niedere Offiziere sind etliche Tausend ˙nöthig, gemeine Soldaten etliche Hunderttausend, dann erst ist's ausreichend zur Operation; ein langer (Feldzug) dauert etliche Jahre, ein kurzer etliche Monate. Die Oberen haben so lange keine Zeit, sich um die Staatsregierung zu kümmern, die Offiziere keine, ihre Häuser zu verwalten, die Bauern keine zur Saat und Erndte, die Frauen keine Zeit zum Spinnen und Weben.

Finden also die Könige, Herzöge und Grossen Wohlgefallen daran (am Kriege) und führen ihn, so vernichtet dieses Wohlgefallen in grausamer Weise die Myriaden Bewohner des Reiches; ist das nicht jämmerlich!

Die drei alten Kaiser Yu, Thang und Wu werden nun vertheidigt; sie führten Kriege, die gestörte Naturordnung wieder herzustellen. Dass vier Staaten der damaligen Zeit sich durch Krieg vergrösserten, ist kein Beweiss für die Nützlichkeit desselben, da 10,000 kleine Staaten dadurch zu Grunde gegangen waren (siehe Abschnitt 18).

Nicht allein sollte man kriegerische Regenten nicht lieben, sondern noch besser sagen (als Regent nämlich): Nicht dass ich Gold, Edelsteine, Söhne, Töchter, fruchtbares Land nicht für ausreichend hielte; ich wünsche mich durch den Ruf der Gerechtigkeit im Reiche festzustellen, suche die Fürsten durch Tugend zu gewinnen. Dann kann man wohl hinsitzen und die Unterwerfung des Reiches erwarten.

Gäbe es eine Vertrauensverbindung, so würden die Fürsten des Reiches zuerst den Nutzen davon haben. Die Ungerechtigkeiten eines grossen Staates würden gemeinsam bedauert. Griffe ein grosser Staat einen kleinen an, so würde der kleine Staat gemeinsam gerettet. Man liesse dessen schadhafte Festungen ausbessern, ihn mit Proviant versorgen, auch mit Seidenstoffen, wo es nöthig. Die Regenten der kleinen Staaten würden darüber froh und anstatt militairischer Rüstungen würden sie sich der innern Verwaltung des Staates annehmen und die Menge erfreuen; das wäre dem Reiche zum Vortheile."

, Micius fasst also das Staatsrecht ganz unter dem Gesichtspunkte des Privatrechtes auf. Krieg ist danach Angriff auf's Eigentum und auf die Person Anderer, eigentlich nicht nur Ungerechtigkeit, sondern Verbrechen, bedeutend accumulirter Raubmord. Dass diese Auffassung mit der Lobpreisung der Waffenehre und Verherrlichung der kriegerischen Heldenthaten sich nicht reimt, liegt auf der Hand.

Dann kommt die Berechnung des Schadens, welcher stets mit dem Kriege verbunden ist. Der Ackerbau leidet besonders, wir können hinzusetzen, auch Handel und Gewerbe, Künste und Wissenschaften. Dann der directe Verlust an Material und Menschen. Ferner die verderbliche Rückwirkung auf den siegreichen Staat; der augenblickliche Gewinn ist nur scheinbar und vorübergehend. Man sollte also kriegerische Tüchtigkeit nicht loben, ausser wenn die Naturordnung dadurch wieder hergestellt wird.

Dass mit solchen Auseinandersetzungen Nichts erreicht wird, leuchtet dem Micius auch schon ein; er schlägt deshalb eine allgemeine Conferenz der Fürsten vor. Solche wurden in China öfter gehalten, (siehe Mencius §. 350), haben

aber schliesslich doch nicht viel ändern können, wie ja auch
die neueren Experimente immer wieder zeigen. So lange
selbstsüchtige Politik von den einzelnen Staaten verfolgt
wird, müssen alle derartige Versuche scheitern. Man vergleiche Mencius §§. 359 ff. und die Erläuterungen dazu.

20.
Zweckmässige Verwendung.

„Ein Heiliger, der einen Staat verwaltet, vermag ihn zu verdoppeln, nicht, indem er Land von aussen dazu nimmt, sondern
indem er das Mangelhafte entfernt. Er erlässt Verordnungen,
die Geschäfte zu heben, regelt den Güterverbrauch des Volkes,
so dass Nichts geschieht, was nicht den Gebrauch mehrt. Es
werden also die Güter nicht vergeudet, des Volkes Tüchtigkeit
nicht missbraucht. Er hebt so den Nutzen vielfach.

Die Kleidung dient dazu, im Winter die Kälte, im Sommer die Hitze abzuhalten. Was nicht dazu dient, wird abgeschafft.

Die Wohnung dient dazu, im Winter Wind und Kälte,
im Sommer Hitze und Regen abzuhalten; gibt es Räuber, so gehört
Festigkeit dazu (nämlich dass die Wohnungen möglichst vor Einbruch schützen). Was nicht dazu dient, wird abgeschafft.

Die Waffen dienen dazu, Aufruhr und Räuber zu überwinden. Wo keine Waffen sind, können diese nicht überwunden
werden. Sie verbinden Leichtigkeit zum vortheilhaften (Gebrauch)
und Festigkeit, so dass sie schwer zerbrechen. Was nicht dazu
dient, wird abgeschafft.

Die Schiffe und Wagen. Letztere, um auf festem Lande,
erstere, um auf Flüssen und Bergsee'n zu fahren, um den
Vortheil der vier Gegenden auszugleichen. Sie sind je leichter,
desto besser. Was nicht dazu dient, wird abgethan.

Der (weise Regent) hebt den Nutzen vielfach und entfernt,
was die Grossen gerne haben, als: Anhäufen von Perlen, Edel-
steinen, Vögeln, Vierfüssern, Hunden, Pferden.

Aber Kleidung, Wohnung, Waffen, Schiffe und Wagen an
Zahl zu verdoppeln ist leicht; was schwer ist, ist die Zahl der
Menschen verdoppeln. Einst hatten die heiligen Könige ein

Gesetz: Der Mann von 20 Jahren wage es nicht, keine Familie
zu haben, das Weib von 15 Jahren wage es nicht, keinem Manne
zu dienen. Nach dem Tode der heiligen Könige kam das Volk
an die Reihe; wer frühe einen Hausstand stiften wollte, that es
im 20. Jahre, wer es spät wollte, im 40. Jahre, so dass der
Durchschnitt um 10 Jahre später war, als das Gesetz der heiligen Könige. Doch konnte sich das Volk verdoppeln.

Jetzt haben die Regierenden eine Menge Wege, die Menschen zu verringern. Man plagt das Volk, die Abgaben sind
reichlich, die Güter des Volkes nicht hinreichend. Unzählige
sterben an Kälte und Hunger. Die Grossen sind ferner gewohnt,
Soldaten auszuheben, die Nachbarstaaten zu bekriegen auf Jahre,
oder, wenn kurz, auf Monate. Mann und Weib sehen einander
lange nicht. Dazu die Krankheiten aus dem Wohnen in Unruhe,
Essen zu unrechter Zeit, welche Viele hinraffen. Die in den
Kriegen fallen, sind unzählig. Das sind alles Wege, die Menschen zu verringern.

Auch wenn nicht heilige Männer an der Regierung sind,
gibt es doch etliche Mittel, die Menge der Bevölkerung zu heben.
Deshalb sagte Micius: Man entferne, was nicht dazu dienlich ist.

21.
Zweckmässige Verwendung.
(Fortsetzung.)

Die heiligen Könige des Altertums verfassten die Gesetze
für zweckmässigen Gebrauch, die lauteten: Alle Arten Industrielle
des Reiches, Wagner, Lederarbeiter, Töpfer, Holzarbeiter — Jeder
folge dem Geschäft, welches er versteht (vielleicht das älteste
Gewerbegesetz). Ferner geschehe Einhalt, wenn das Volk den
nothwendigen Bedarf hat; was der Verschwendung dient, dient
nicht zum Nutzen des Volkes und geschah nicht unter den heiligen Königen.

Das Gesetz für Essen und Trinken war: Genug, um die Leere
zu füllen, den Athem zu unterhalten, Arme und Beine zu kräftigen, Ohren und Augen scharf und klar zu machen, damit hört's
auf. Man mischt nicht die 5 Geschmacksarten (süss, sauer, bitter,

salzig, scharf) und die Harmonie der Gerüche auf's Aeusserste,
bringt nicht Leckereien und fremde Dinge aus fernen Ländern.
Einfachheit, wie unter dem Kaiser Yao, im Essen und in den
Kleidern.

Die Waffen wurden zuerst gebraucht, das Volk von wilden
Vögeln und reissenden Vierfüssern zu erretten.

Wagen wurden gemacht, schwere Lasten zu tragen und
weithin zu kommen. Bestieg man sie, so war man in Ruhe,
zog man sie, so hatte man Nutzen, ohne Menschen zu beschädigen. Der Nutzen bestand in der Schnelligkeit.

Schiffe wurden angefertigt, um Ströme und See'n zu be-
fahren.

Das Gesetz für zweckmässiges Begräbniss war: Drei Stück
Kleider sind ausreichend, bis das Fleisch verweset, der Sarg dreizöllig ausreichend, bis das Gebein vermodert. Die Gräber waren
so tief, dass sie unten nicht auf Wasser kamen und oben nicht
abgespült werden konnten. Damit liess man es genug sein.
Waren die Todten beerdigt, dann trauerten die Lebenden, nicht
lange, aber mit Betrübniss."

Ueber Wohnungen siehe oben.

22 fehlt im Originale.

Man muss gestehen, diese alten Chinesen waren voll
Einsicht in die socialen Verhältnisse. Rechte Sparsamkeit
ist eine wichtige Bedingung für die öffentliche Wohlfahrt.
Darauf muss das Augenmerk gerichtet werden im Grossen
und im Kleinen. Die Staatsregierung hat ihre •Ziele im
Auge zu behalten. Will man eine dichte Bevölkerung und dabei
möglichste Unabhängigkeit vom Auslande, so ist dafür zu
sorgen, dass die Mittel wohl zu Rathe gehalten werden.
Ueberhaupt ist Frugalität zu erstreben. Je einfacher Vornehm und Gering lebt, desto besser ist es für den Staat.
Die andere Rücksicht ist Gesundheit und Kraft der Einwohner. Dafür sollte jetzt mehr geschehen; besonders sollten
die Armen auch in die Möglichkeit kommen können, öfter
Fleisch zu geniessen. Ueberhaupt Mehrung der gesunden,
kräftigenden Nahrungsmittel, dagegen Minderung der Reiz-
mittel, besonders des Tabaks und der Spirituosen. Vgl. ob. zu 6.

Hier ist noch auf einen andern Punkt hingewiesen. Es ist wichtig, dass die Arbeit innerhalb eines Staates nicht dem eigenen Ermessen der Arbeiter ganz überlassen bleibt. Wie in China jetzt fast die Hälfte der Bevölkerung inproduktive Arbeit für Götzendienst und allerlei Aberglauben betreibt, so kann es anderwärts passiren, dass ein zweckloser Consum sich ausbildet und dafür allmählich eine bedeutende Industrie sich entwickelt; beides nur zum Schaden des Staates. Man achte überall auf den Zweck der Sache, ob irgendwie das Wohl der Einzelnen oder des Ganzen dadurch gefördert wird. Wir halten dabei die geistliche und sittliche Förderung für ebenso wichtig, als die materielle. Man sehe sich auf Jahrmärkten und Messen um, ob nicht manche Bude zu finden ist, welche besser nach China beordert würde, oder dahin, wo der Pfeffer wächst.

Als eine andere Lebensbedingung des Staates ist wohl zu beachten, dass nicht Luxus und Dürftigkeit als Extreme nebeneinander bestehen. Es müssen Mittel gefunden werden, diese Gegensätze abzuschwächen. Sowohl auf die oberen als unteren Klassen muss deshalb entsprechend eingewirkt werden, aber nicht nur gesetzlich, sondern besonders moralisch. Gesetze richten Zorn an, nur Liebe bessert.

23 und 24 fehlen im Originale.

25.
Zweckmässiges Begräbniss.
(Schluss.)

„Der Humane überlegt für das Reich, wie der pietätsvolle (kindliche) Sohn für die Eltern. Sind die Eltern arm, so macht dieser sie durch seine Bemühungen reich. Sind der Unterthanen wenige, so vermehrt sie jener durch seine Bemühungen. Ist die Menge ungeordnet, so regiert (ordnet) er sie durch seine Bemühungen. Obgleich er das anstrebt, so ist doch vielleicht die Kraft nicht ausreichend, die Güter (materielle Mittel) nicht reichlich, die Einsicht nicht einsichtig — dann hat es dabei sein

Bewenden, aber er unterlässt nicht, Alles aufzubieten. Diese drei Bestrebungen hat der Humane, wie der Kindliche.

Jetzt, nachdem die heiligen Könige der drei Dynastieen verblichen sind, hat das Reich das Rechte verloren. Die Edlen der nachfolgenden Generation hielten grossartiges Begräbniss und lange Trauer für human oder gerecht und für Pflicht des kindlichen Sohnes; oder sie hielten das für inhuman und ungerecht und nicht für die Pflicht des kindlichen Sohnes. Die Worte widerstreiten sich, der Wandel ist entgegengesetzt. Doch behaupten beide, ihre Vorfahren hätten ihnen die Weise Yao's, Schun's, Yu's, Thang's, Wan's und Wu's überliefert.

Wie kann aber grossartiges Begräbniss und lange Trauer Arme reich, Wenige zu einer Menge machen, Gefahren aufhalten, Unordnung ordnen? Darin aber besteht die Humanität und Gerechtigkeit, die Pflicht des kindlichen Sohnes.

Jetzt heisst es, die Särge (innere und äussere) müssen schwer sein, die Beerdigung pompös, Kleidung vielerlei, Zierrath prächtig, Grabhügel mächtig. Geschieht das richtig von geringeren Leuten, so wird Familie und Haus erschöpft. Beim Tode von Fürsten werden Wagen voll Vorräthe geleert, Gold, Edelsteine und Perlen an den Leib gehängt, Seidenstoffe, Wagen und Pferde mit in der Gruft begraben, auch braucht's viele Teppiche, Dreifusskessel, Pauken, Stühle, Hölzer, Kühlvasen, Speere, Krummmesser, Federflaggen etc., welche mitversenkt und verscharrt werden, als wenn sie mitfolgten. Beim Kaiser werden getödtet und mitbegraben etliche Hundert, wenn viel, als wenig etliche Zehn (30—60); bei Generälen und Statthaltern etliche Zehn, wenn viel, als wenig etliche Mann. Für die Trauer ist das Gesetz: die Klagetöne dürfen nicht zusammenstimmen, man trägt grobe Kleider, lässt Thränen fliessen, wohnt in angelehnten Hütten, schläft auf Binsen mit irdenem Kopfkissen, isst sich nicht satt, kleidet sich nicht warm, lässt das Antlitz verfallen, die Gesichtsfarbe schwärzlich werden, Ohren und Augen trüben sich, Arme und Beine haben keine Kraft, sind unbrauchbar. Hochgebildete, heisst es weiter, wenn sie trauern, brauchen Hülfe, um aufzustehen, eines Stabes, um gehen zu können. Wenn dieses drei Jahre so geschieht, so wird vom Kaiser bis zum Bauer und den Frauen herab die Berufsthätigkeit unmöglich gemacht. Dazu so viele Vorräthe mitzubegraben! Reichtum auf diese Weise suchen, ist wie Feldbestellung verbieten und Erndte verlangen.

Die Länge der Trauer wäre für Regenten, Vater, Mutter, Weib und Erben drei Jahre, für Vetter, Onkel, Brüder, Halbkinder je ein Jahr, für die ferneren Verwandten männlicherseits fünf Monate, für die weiblicherseits einen Monat und etliche Tage, wofür nach obigen Vorschriften getrauert werden müsste. Es würde der Verkehr von Mann und Frau vielfach gestört, die Volksvermehrung unmöglich gemacht.

Ebenso erginge es mit der Staatsregierung, die Oberen würden keine Zeit finden, die Händel zu prüfen; geschähe das von den Unteren, so vernachlässigten diese ihre Geschäfte. Damit würden Justiz und Verwaltung unordentlich, oder die Materialien von Kleidung und Nahrung nicht ausreichend. Ist es jedoch unzureichend, so bettelt der jüngere Bruder vom älteren, der Sohn vom Vater etc.; erlangen sie nichts, so giebt's Hass gegeneinander und Verwirrung. Ausgelassenheit und schlechter Wandel des Volkes kommen daher.

Auch die Kriegszüge der Grossstaaten gegen kleinere haben darin ihre Ursache, dass man gewöhnt ist an grossartige Beerdigung und lange Trauer. Denn Staat und Familie sind verarmt, die Einwohnerzahl gering, Justiz und Verwaltung verworren. Herrscht aber Armut, so ist nichts zum Aufspeichern und Austheilen vorhanden. Ist die Bevölkerung gering, so gibt's auch wenig Festungen, Vorstädte und Wallgräben. Herrscht Verworrenheit, so zieht man aus zur Schlacht ohne zu siegen und vertheidigt sich immer ohne Nachdruck.

Auch das Glück aus dem Dienste Gottes und der Geister leidet Schaden durch diese Gewohnheit der grossartigen Begräbnisse und langen Trauer. Aus Armut sind Getreide und Wein nicht reinlich. Wegen geringer Bevölkerung sind auch derer, welche Gott und den Geistern dienen, nur wenige. Wegen Verworrenheit sind die Opfer nicht nach der Zeit berechnet. Man verbietet jetzt sogar den Gottes- und Geisterdienst durch Regierungsmassregel. Ob Gott und die Geister solche Menschen haben oder nicht, macht keinen Unterschied. Sie bringen Schuld und Unglück auf dieselben, strafen und verwerfen sie. Also das Umgekehrte von dem, was sein sollte.

Die heiligen Könige des Altertums hatten zum Gesetz des Begräbnisses gemacht: Der Sarg sei dreizöllig, hinreichend, das Gebein vermodern zu lassen. Kleider drei Stück, hinlänglich, den Abscheu zu verdecken. Das Grab gehe unten nicht bis auf's Wasser, nach oben sei es so hoch, dass kein Geruch durchdringt, der Hügel wie eine Erhöhung vom ˙Pfluge aufgeworfen. (Unten wird gesagt: ausreichend, den Ort kenntlich zu machen.) War der Verstorbene begraben, so klagten die Lebenden nicht lange, sondern kehrten eilends zu ihren Geschäften. Die Menschen wirkten, was sie vermochten, um einander gegenseitig zu nützen. Das ist das Gesetz der heiligen Könige.

Beweise werden aus alten Schriften geliefert, dass Yao, Schun und besonders Yu, so begraben worden sind.

Die entgegengesetzte, jetzt herrschende Sitte sei nur Hingabe an die Gewöhnung und nur Rechtfertigung der Unsitte. Dieses ist ebenso wie in anderen Staaten, wo der Erstgeborene aufgegessen wird, um die folgenden Kinder zu fördern, die Grossmutter ausgesetzt wird, wenn der Grossvater stirbt, oder den Verstorbenen das Fleisch abgestreift wird und die Knochen begraben werden. Das zu thun, mache den vollkommen kindlichen Sohn fertig. Oder noch in einem anderen Staate werden sie verbrannt. (Diese Sitten aus den benachbarten Barbarenstaaten werden auch von Licius erwähnt, man vgl. dessen Lehre V, 9.) Dieses ist oben Regierungsform, unten allgemeine Volkssitte und geschieht unablässig. Ist das jedoch wirklich der Weg der Humanität und Gerechtigkeit?

Dagegen will Micius in seinen Vorschriften nach jenen ältesten Vorbildern den Nutzen für Lebende und Todte."

Merkwürdig ist, dass Micius mit seinen Ansichten über diesen Punkt in China nicht durchdrang. Man vergl. Mencius §. 35 und 288—290.

Es bedarf eben des Lichtes über den Zustand nach dem Tode, welches wir nur aus der neutestamentlichen Offenbarung haben können. Die Chinesen meinen mit Todtenopfern und Seelenmessen eine unerlässliche Pflicht zu erfüllen.

.

Gerade diesen Punkt lässt Micius unberührt, eben weil er selbst nichts Besseres weiss. Darum blieb auch das menschliche Gefühl mächtiger, als seine verständliche Nützlichkeitstheorie. Die Confucianer standen eigentlich ebenfalls ganz auf dem Diesseitsstandpunkte, wie Micius, und doch beide wieder in diesem schroffen Gegensatz zu einander. Micius will hier sparen, aber befürwortet doch gläubigen Dienst, besonders auch mit reichlichen und guten Opfern für die Geister. Er spricht sich allerdings nicht so aus, dass er die Ahnen mit einbegreift, schliesst sie aber auch nicht aus. Er trennt jedoch scharf zwischen Leib und Geist. Der Leichnam wird einfach aus den Augen geschafft. Die Confucianer nehmen eine Verbindung an von Leib und Seele, auch nach dem Tode. Das bildet dann eine Brücke zur christlichen Lehre von der Auferstehung. Nur darf dieselbe nicht fleischlich gefasst werden. Ein neuer Leib wird erstehen, der zu den himmlischen Regionen passt und zugleich vollkommenes Seelenorgan ist. Dieses ist aber bedingt durch das vergangene Leben im verwesenden Leibe. (vgl. Mencius §. 35.)

26.
Des Himmels Wille.

„Die Gebildeten und Edlen des Reiches verstehen jetzt das Kleine, aber nicht das Grosse. Zu Hause wissen sie Bescheid; hat man sich am Vorsteher der Familie vergangen, so gibt es Nachbarfamilien, es wieder auszugleichen. Ferner beschwichtigen die Verwandten und Geschwister einander nach ihrer Erfahrung. Alle sagen, es ist unerlässlich, sich zu überwinden und vorsichtig zu sein.

So geht's auch, wenn ein Staatsbürger sich an einem Staatsvorsteher vergangen hat. Da sind es dann die Nachbarstaaten und auch die Verwandten, welche ernstlich ermahnen.

Wie viel mehr sollte das geschehen im Reiche, dem man nicht entgehen kann! Der Himmel wünscht Gerechtigkeit und hasst Ungerechtigkeit. Das erkennt man daraus, dass, wenn im

Reiche Gerechtigkeit waltet, es blüht (lebt), gedeiht (reich wird), wohlregiert (in Ordnung) ist, wenn aber Ungerechtigkeit waltet, es abstirbt, arm und verwirrt wird.

Weiter ist es Gerechtigkeit der Regierung, dass nicht nach dem Unteren das Obere, sondern nach dem Oberen das Untere regiert wird. Darum haben die gewöhnlichen Leute die Kräfte anzustrengen, ihre Geschäfte zu betreiben, aber sich nicht beliebig in die Regierung zu mischen. So ist's mit den Gelehrten (Gebildeten), welche der Oberbefehlshaber oder Statthalter regiert, diese werden wieder von den drei Herzögen und Fürsten regiert, diese vom Kaiser und dieser vom Himmel. Niemand darf willkürlich in die Regierung eingreifen. Die Gebildeten und Edlen des Reiches haben begründete, klare Einsicht, dass der Himmel die Herrschaft hat über den Himmelssohn (Kaiser), das Volk versteht es nicht deutlich.

Darum reinigte (weihte) man Opferthiere und füllte die Getränke als Opfer für Gott und die Geister und betete um Glück vom Himmel. Ich habe noch niemals gehört, dass unter dem Himmel (im Reiche) der Kaiser um Glück angebetet worden wäre. Der Kaiser wird also vom Himmel beherrscht. Er ist somit der vornehmste und reichste im Reich, der dem Himmelsgedanken entspricht, und dem man nicht ungehorsam sein darf. Wer sich dem Himmelsgedanken hingibt, unterschiedslose gegenseitige Liebe, geselligen gegenseitigen Nutzen übt, wird Belohnung erlangen, im Gegentheil Strafe. Jenes ist an den vier Herrschern Yu, Thang, Wan und Wu ersichtlich. Sie dienten den Oberen, verehrten den Himmel, dienten als Mittlere den Dämonen und Geistern und liebten unten die Menschen. Sie hatten Glück und werden bis heute heilige Könige genannt. Das Gegentheil sind die vier Tyrannen. Woran erkennt man aber, dass der Himmel alle Geschlechter unter dem Himmel liebt? Daran, dass er sie ohne Ausnahme erleuchtet, und dieses erkennt man daran, dass er sie ohne Ausnahme besitzt, was daran erkannt wird, dass er sie ohne Ausnahme ernährt. Dieses aber wird erkannt an den Opfern, welche das Getreideessende Volk innerhalb der vier Meere Gott und den Geistern darbringt.

Wenn der Himmel die 100 Geschlechter unter dem Himmel nicht liebt, so ist das aus dem Grunde, dass sich die Menschen unter einander tödten. Dass der Himmel ihnen Unglück dafür sendet, daraus erkennt man, dass der Himmel die 100 Geschlechter unter dem Himmel liebt.

Dem Himmelsgedanken Folge zu leisten, ist gerechte Regierung; im Gegensatz zum Himmelsgedanken stehen, ist Gewalt-Regierung. Die gerechte Regierung zeigt sich darin, dass ein grosser Staat kleine Staaten nicht bekriegt, dass grosse Familien die kleinen nicht bedrängen, dass Starke nicht die Schwachen ausziehen, dass Vornehme nicht die Geringen hochmüthig behandeln, dass Schlaue nicht die Dummen betrügen. Das ist Vortheil für den Himmel, für die Geister und für die Menschen. Micius sagte: Ich besitze den Willen des Himmels, wie der Wagner den Zirkel, der Schreiner den Winkel; was passt, ist richtig, was nicht passt, ist falsch. Jetzt haben die Gebildeten und Edlen eine Menge Bücher und sind unerschöpflich in Worten und Redensarten, aber sie sind ferne abgekommen von Humanität und Gerechtigkeit. Wie erkennt man das? Ich nehme das klare Gesetz unter dem Himmel und messe sie damit.

27.
Des Himmels Wille.
(Fortsetzung.)

Wünschen die Edlen des Reiches Humanität und Gerechtigkeit, so dürfen sie nicht ununtersucht lassen, woher das Recht (Gerechtigkeit) kommt. Es kommt nicht von Thoren und Geringen, sondern von Vornehmen und Weisen (vgl. Mencius §. 173). Das erkennt man daraus, dass Gerechtigkeit gute Regierung ist. Hat das Reich Gerechtigkeit, so ist's in Ordnung, sonst in Unordnung. Die Thoren und Geringen aber kommen nicht an die Regierung. Aber allein der Himmel ist würdig (vornehm) und weise. Es geht also in Wirklichkeit die Gerechtigkeit vom Himmel aus.

Wenn die Leute sagen, dass der Kaiser die Fürsten adele, diese die Statthalter, so ist das wohlbekannt, aber nicht, dass der Himmel würdiger und weiser ist, als der Himmelssohn. Das ergibt sich daraus, sagt Micius, dass, wenn der Himmelssohn gut ist, der Himmel ihn zu belohnen vermag, wenn der Himmelssohn tyrannisch ist, der Himmel ihn zu strafen vermag. Hat der Himmelssohn Krankheit oder Unglück, so muss er fasten, sich waschen, Wein und Getreide weihen, um damit dem Himmel und den Dämonen zu opfern; so kann dann der Himmel das (Unglück) entfernen. Doch wurde mir nie bekannt, dass der Himmel Glück vom Himmelssohn erbitte. Daraus erkenne ich (fügt er 28 hinzu), dass der Himmel gerechter und nobler ist, als der Himmelssohn. (Himmelssohn = Kaiser.)

Der Himmel (negativ) wünscht nicht, dass grosse Staaten kleine bekriegen etc. (s. 26), sondern, dass die Menschen, welche Kraft haben, einander helfen, welche Erfahrung haben, einander belehren, die, welche Güter haben, einander mittheilen. Auch wünscht er, dass die Oberen sich der Regierungsgeschäfte activ annehmen, die kräftigen Unteren den Geschäften nachgehen; damit wird der Staat geordnet und die Produkte sind ausreichend zum Verbrauch. Nach innen hat man Vorrath für Opfer, nach aussen Edelsteine und Perlen zu Geschenken an die vier Nachbarstaaten. Die Bedrückungen der Fürsten entstehen nicht, Waffenrüstungen werden nirgends gemacht. Man hat im Innern keine Sorge alles Volk zu versorgen. Regent und Staatsbeamte, Obere und Untere sind gütig und hingebend, Väter und Söhne mitleidig und kindlich etc.

Thun die Menschen, was der Himmel nicht wünscht, so thut der Himmel auch, was die Menschen nicht wünschen, er sendet Krankheiten und Unglück.

Die heiligen Könige des Altertums suchten das Glück der Geister und den Nutzen des Reiches, darum (gab) machte der Himmel Kälte und Wärme geordnet in den vier Jahreszeiten, harmonirte die Dualkräfte, Regen und Thau waren zeitgemäss, die fünf Getreidearten wurden reif, die sechs Arten Hausthiere gediehen, Krankheit, Seuchen, Hungersnoth kamen nicht an sie. Der Himmel liebt Alles unter dem Himmel ohne Ausnahme, lässt die zehntausenderlei Dinge gedeihen, ihnen zu nützen; selbst das Allergeringste ist vom Himmel erzeugt, und das Volk erlangt es und hat Nutzen davon. Wie kann man sagen: Nein?

Man vergilt es nur dem Himmel nicht und erkennt nicht, dass das nicht human und nicht glückbringend ist. Die Grösse der Liebe des Himmels gegen das Volk erkennt man daran, dass er Sonne, Mond und Sterne machte, ihm 'zu leuchten und zur Leitung, dass er die vier Jahreszeiten einrichtete ihm zur sichern Ordnung, dass er Wetter, Schnee, Reif, Regen und Thau niedersendet den fünf Getreidearten, 'Hanf und Seide zum Gedeihen; er lässt das Volk das bekommen und als Material ausnützen etc. Der Himmel rächt auch die Unschuldigen, belohnt die Guten, bestraft die Bösen.

Die Absicht des Himmels ist darum das Maass für die Beurtheilung der menschlichen Verhältnisse, wie der Zirkel für den Wagner; was damit zusammentrifft, heisst rund, was nicht, heisst nicht rund; so dient auch der Winkel für's Rechteckige.

Nach dem Gedanken des Himmels sind Justiz und Verwaltung der Könige, Herzöge und Grossen zu messen, ebenso die Gelehrsamkeit, Worte und Gespräche des Volkes. Sieht man, dass deren Wandel den Himmelsgedanken entsprechend ist, so heisst er gut, so auch die Reden, die Justiz. Den Gedanken (Absichten) des Himmels zu entsprechen, ist das Gesetz (Regel) der Gerechtigkeit.

28.
Des Himmels Wille.
(Schluss.)

Bei Verschuldung kann man aus einer Familie in die andere flüchten, aus einem Staate in den andern; die Verwandten warnen einander und mahnen zur Vorsicht. Nun wohnen aber alle Menschen unter dem Himmel, wer sich versündigt am Himmel, der findet keinen Zufluchtsort.*)

Jetzt treiben's die Fürsten gewaltsam, sind weit entfernt von der Gerechtigkeit, da sie einander bekriegen und die Staaten zerstören, sich dessen noch rühmen und in Schriften den Nachkommen überliefern, welche es ihren Vorfahren von Geschlecht zu Geschlecht nachthun. Stiehlt Jemand Pfirsiche, Pflaumen,

---

*) Siehe Lehrbegriff des Confucius p. 8.

Melonen, Ingwer etc., so wird er bestraft, und die Menge verdammt ihn, weil der Dieb ohne eigene Anstrengung die Früchte
einerndtet etc. (s. 17). Was die Fürsten durch ihre Kriege vollbringen, ist 1000 und 10,000 mal schlimmer, als einen Unschuldigen tödten, oder Einbruch begehen; aber man nennt es Gerechtigkeit. Darum stellt Micius den Willen des Himmels als
Gesetz zur Beurtheilung auf. Der Wille des Himmels ist Norm
(Canon) der Gerechtigkeit."

Wir sehen auch hier dasselbe Verhältniss des Himmels
zur Welt wie bei Confucius, s. Lehrbegriff p. 7—9 und
Mencius §. 36 ff. Die Vergeltung tritt jedoch schärfer
hervor und ist später von den Taoisten weiter ausgebildet
worden, jedoch, wie es scheint, erst auf Anregen des Buddhis-
mus. Vgl. St. Julien: Le livre des recompenses et des peines
traduit du Chinois. Paris 1835. Für die socialen Verhältnisse ist die Beschränkung wichtig, welche die Aufstellung
8—10 erhält. Alles Regieren von Unten nach Oben ist
also strenge verpönt, freilich unter der Voraussetzung, dass
die Oberen wirklich den Willen des Himmels repräsentiren.
Dieser Wille geht auf Gerechtigkeit und Liebe. Das ist bewiesen durch die Geschichte. Das himmlische Gesetz dient
als der Maassstab, welcher an alle Verhältnisse gelegt werden
muss. Man vergleiche den 4. Abschnitt.

Alle menschliche Willkür ist also ausgeschlossen. Auch
der Kaiser muss sich unter den Willen des Himmels beugen.
Dabei läuft freilich im Einzelnen Alles auf Nützlichkeit
hinaus. Mencius steht mit dem Zweck der ethischen Vervollkommnung des Einzelnen und der Culturaufgabe des
Staates, welche darauf basirt, doch ungleich höher, als Micius.

Obgleich in den Abschnitten 2 und 10 auch auf die ethische
Aufgabe hingewiesen wird, und ja auch die ernstliche Uebung
der gegenseitigen Liebe im Sinne des Micius deren unaus-
gesetzte Bethätigung fordert, so tritt doch die ethische Betrachtung sehr zurück und die intellektuelle sehr hervor.
Die objektive Nützlichkeit des Verhaltens schlägt dann
leicht in die subjektive um; man denkt bald nur an den
Nutzen, nicht des Anderen, sondern an den eigenen. Das ist

die Gefahr dieses Standpunktes, welche Mencius gut erkannt hat. §. 162. 342.

Anklänge an die christliche Lehre finden sich etliche in obiger Lehre des Micius, nämlich, dass das Recht im letzten Grunde in Gott seinen Ursprung hat. Ferner gehören dahin die Beweise der Liebe Gottes, dass sogar die göttlichen Strafen Ausflüsse der Liebe sind. Leider steht wie bei den Confucianern für Gott immer ›Himmel‹, und das Verhältniss Gottes und der Geister zum Himmel ist nirgends dargelegt.

29 und 30 fehlen.

31.

Klarheit über die Dämonen.

(Schluss.)

„Die socialen Uebelstände, Sittenlosigkeit und Räuberei haben ihren Grund im Zweifel an die Existenz der Dämonen und Geister, welche die Vortrefflichen belohnen und die Missethäter bestrafen können. Es ist daher die Unterscheidung zwischen der Existenz und Nichtexistenz der Geister und Dämonen deutlich zu machen. Das muss beurtheilt werden nach dem, was Augen und Ohren der Menge wahrhaftig erkannt haben. Wenn Jemand noch keine gehört oder gesehen hat, warum geht man nicht in eine Ortschaft oder einen Flecken und fragt danach? Vom Altertume bis auf die Jetztzeit, so lange Menschen geboren werden, wurden auch stets Anzeichen von Dämonen und Geistern gesehen und ihre Stimmen gehört; wie kann also gesagt werden, es gäbe keine? Hätte Niemand sie gesehen oder gehört, wie könnte gesagt werden, es gäbe welche? Eine Menge (Personen) z. B. sah und hörte miteinander den Tu Peh, der vom Kaiser Suen (827—782 vor Chr.) ungerechter Weise hingerichtet wurde. Er sagte: Mein Regent tödtet mich unschuldig, haben die Verstorbenen kein Bewusstsein, so ist es aus; haben sie Bewusstsein, so werde ich es meinem Regenten, ehe drei Jahre vergehen, wissen lassen. Nach drei Jahren jagte der König im Parke. Etliche hundert Jagdwagen und etliche tausend Menschen füllten das freie Feld. Mitten am Tage erschien Tu Peh auf blankem Wagen mit weissen Rossen, in rothem Gewande und Mütze; er hielt einen rothen Bogen und rothen Pfeil. Er verfolgte den Kaiser, schoss ihn auf seinem Wagen durch's Herz ins Rückgrat, dass er auf dem Wagen zusammenbrach und starb. Zu der Zeit sah es Jedermann vom Gefolge der Leute Tschao's, von den Entfernten hörte es Jedermann, und es wurde in der Chronik von Tschao beschrieben. Regenten belehrten ihre Staatsbeamten damit, Väter warnten damit ihre Söhne.

Fast gleichlautend ist die dritte Geschichte von Herzog Kien von Yen, der den Staatsbeamten Tschangtsi J hatte tödten lassen.

Dem Herzog Muh von Tsching (627—606 vor Chr.) erschien ein Geist am hellen Tage in der Ahnenhalle. Er trat durch die Thüre ein, in Gestalt eines Vogels, in heller, dreifacher Kleidung. Der Herzog erschrack sehr, der Geist sagte: Fürchte dich nicht! Der Herrscher (Gott) verleiht dir eine Tochter von leuchtender Tugend, die 19 Jahre alt wird, deinem Staate und deiner Familie schönen Glanz verleiht, Kinder und Enkel hervorsprosst, so dass Tsching nicht verloren geht. Herzog Muh machte zweifaches Compliment, berührte mit dem Kopfe die Erde und sagte, er wage um des Geistes Namen zu fragen; der sagte: Ich bin Ku-mang. — Weitere Geschichten werden berichtet aus Sung und aus Tshi. Die Geisterleugner wenden ein, dass Ohren und Augen der Menge nicht ausreichend seien, die Zweifel zu lösen. Dann lässt sich jedoch nichts mehr entscheiden, dann könnte man auch nichts von den alten heiligen Königen wissen. Stehen die als Norm fest, so lässt sich aus ihren Opfern an die Geister ihr Glaube an deren Existenz beweisen, auch dass die Belohnungen von den Ahnen, die Strafen von den Schutzgeistern herrührten. Errichtete man in den drei (ersten) Dynastieen einen Staat, oder plante eine Hauptstadt, so hiess es: Man muss des Staates richtigen Altar auswählen. Zum Bau eines Ahnentempels hiess es: Schönes Holz auswählen zu den Sitzen (der Ahnen). Pflichttreue Väter und ältere Brüder wurden zu Priestern, fette, gute Hausthiere zu Opfern, Edelsteine als Schätze, von den fünf Arten Getreide das herrlichste zu Speisopfern ausgewählt. Die heiligen Könige des Altertums regierten also das Reich, indem sie auf diese Weise die Dämonen und Geister voran, die Menschen hintenan stellten.

Aus Furcht, die späteren Geschlechter möchten das nicht verstehen können, liessen sie es aufschreiben auf Bambus und Seide, einhauen in Wannen und Vasen, eingraben in Metall und Stein; sie wiederholten es immer wieder. Wer die Existenz der Geister verneint, steht im Gegensatze zu dem, was die heiligen Könige erstrebten. Citate werden noch beigebracht aus dem Liederbuch und den Dokumenten über Vergeltung, welche eben durch die Geister veranlasst gedacht wird. Die Reichsten, Angesehensten, Mächtigsten (an Menge), Gewaltigsten, Heldenkraft, starkes Militair, feste Panzer, scharfe Waffen können das Gericht derselben nicht abwenden.

Es gibt Himmels-Dämonen und Dämonen und Geister der Berge und Ströme, auch gibt es Dämonen der verstorbenen Menschen. Jetzt sterben wohl Jüngere vor den Aelteren, wie Söhne vor dem Vater, jüngere Brüder vor den älteren. Eigentlich sollte, wer eher geboren ist, eher sterben. Durch die Opfer werden dieselben gespeist und getränkt. Ist das nicht ein grosser Nutzen! Lässt man die Geister wirklich verloren sein, so sind die Opfer Verschwendung. Es sind aber doch die Stammverwandten und Dorfgenossen bei den Opferschmäusen in fröhlicher Geselligkeit. Leugnet man die Existenz der Geister, so bringt man auch die verschiedenen Opfer nicht mehr dar. Micius empfiehlt sie, um nach oben in Gemeinschaft zu bleiben mit dem Glücke der Dämonen, unten die Menge zur fröhlichen Geselligkeit zu vereinen, die Dorfgenossen innig zu verbinden. Wollen die Könige etc. in Wirklichkeit den Aufschwung des Reiches suchen und dessen Schäden beseitigen, so müssen sie Dämonen und Geister als existirend annehmen."

Die Geister sind sonach Träger der himmlischen Gerechtigkeit, sie repräsentiren also die himmlische Executivgewalt. Die Existenz der Geister bezweifeln ist dem Micius soviel, als die göttliche Vergeltung verneinen.

Zum Beweise für die Existenz der Geister dient also das übereinstimmende Zeugniss der Volksmasse aller Orte

und Zeiten über Geistererscheinungen. Ferner die Opfer
für dieselben schon von Seiten der alten heiligen Könige. Dann
die Redensarten über Anlegung von Städten und Erbauen
der Ahnenhallen. Dann die Auswahl des Besten zu den
Opfern für die Geister.

Verschiedene Schriftzeugnisse des höheren Altertums
werden dafür beigebracht. Niemand kann ihrer Rache
widerstehen. Die verschiedenen Arten der Geister werden
durch die Opfer gespeist. Aber auch die Dorf- resp.
Stammgenossenschaften werden durch die Opferschmäuse zu
inniger Gemeinschaft verbunden. Damit wird der Geistercultus, in welchem sich das religiöse Element des Micius
concentrirt, zum social-politischen Factor erhoben. Es ist
bemerkenswerth, dass dieses nur von den chinesischen
Socialisten in der Weise geschieht. Der Geistercultus ist
zwar verwerflich, und die Geistergeschichten werden von
manchem Confucianer mit Recht verlacht; darin aber hat
Micius recht gesehen, dass ohne den festen Glauben an
die Existenz höherer Mächte, welche Vergeltung üben, auch
da, wo kein menschlicher Arm es vermag, sich kein
socialer Verband zu halten vermag. Das übersehen manche
moderne Parteien immer wieder, trotz aller Lehren der
Geschichte. Man verwechsle doch nie eine zeitweise oder
locale Ausartung der Religion mit dieser selber.

Ueber den damaligen Geistercultus der Confucianer
vergleiche Mencius §. 56—60.

32.
Verurtheilung der Musik.

„Es ist Sache der Humanität, sich zu bestreben, den Nutzen
des Reiches zu fördern, seinen Schaden zu beseitigen, darin ein
Muster für's Reich zu werden. Was den Menschen nützt, gilt
es zu thun; was nicht nützt, sein zu lassen. Der Humane thut
also nicht, was seinen Augen wohlgefällt, was seine Ohren
ergötzt, seinem Munde süss ist, seinen Gliedern behagt, sodass
er dadurch dem Volke die Mittel für Kleidung und Nahrung

entzieht und sie vergeudet. Micius verwirft darum die Musik, nicht, weil der Klang der Instrumente (Glocken, Trommeln, Harfen, Pfeifen, Flöten) nicht erfreulich wäre, die Farben von Stickereien und Zierrath nicht hübsch, der Geschmack von gebratenem Mastfleisch nicht süss, der Aufenthalt auf hohen Thürmen, grossartigen Villen und in freien Jagdgründen nicht lieblich sei; obgleich das anerkannt wird, so findet man es doch nach oben nicht stimmend mit den Pflichten der heiligen Könige, nach unten nicht mit dem Nutzen der Myriaden Unterthanen. Darum verwirft Micius die Vergnügungen. Würden die Musikinstrumente, wie Wagen und Schiffe, zum Nutzen des Volkes dienen, so würde ich nicht wagen, sie zu verwerfen. Aber die Musikinstrumente haben drei Uebelstände: Hungrige werden davon nicht satt, Frierende nicht bekleidet, Geplagte erhalten dadurch keine Ruhe. Wo sollen die Mittel für Nahrung und Kleidung des Volkes hergenommen werden? Jetzt herrscht Krieg und Raub, und man führt Musik und Tanz auf; diese Verwirrung des Reiches, wie soll sie zur Ordnung gebracht werden? Es werden vom Volke Steuern dafür erhoben, um diese Musik herzustellen. Man mag nicht Alte und Gebrechliche zu Spielern, sondern kräftige Leute mit klangvollen Stimmen. Die Männer werden damit der Feldarbeit und Industrie, die Frauen dem Spinnen und Weben entzogen. Es wird also die Zeit, welche das Volk für Kleidung und Nahrung braucht, verschwendet. Hören die Edlen Musik, so versäumen sie ihre Aufmerksamkeit auf die Regierung, die Geringen versäumen es, ihren Geschäften nachzugehen. Die Thiere haben Federn und Haare als Kleider, Hufe und Klauen als Schuhe, Gras und Wasser als Essen und Trinken, die Männchen brauchen nicht deshalb das Feld zu bestellen und die Weibchen nicht zu spinnen und zu weben. Die Kleidung und Nahrungsmittel sind so wie so vorhanden. Die Menschen sind verschieden davon, sie sind angewiesen auf ihre Kraft zum Leben (Licius VI 14). Die Geschäfte sind im Reiche vertheilt. Der Kaiser, die Edlen und Beamten, die Feldbauern, die Frauen haben ihr Theil vom frühen Morgen bis zum späten Abend. Sind sie gewohnt, Musik zu hören, so versäumt ein Jeder sein Theil. Darum verwirft Micius die

Musik und sagt: Wollen die Beamten und Edlen wahrhaftig des Reiches Aufschwung und seine Schäden entfernen, so sollten sie die Musik als Gegenstand betrachten, der unterdrückt werden und aufhören muss."

Die Verurtheilung der Musik, sowie die nachfolgenden Abschnitte, sind offenbar Lehren der Schüler des Micius, obgleich dessen Meinung höchst wahrscheinlich im Wesentlichen darin ausgesprochen ist. Der Eingang zur Verurtheilung der Musik umfasst alle Vergnügungen — wohlgemerkt, es ist nur von erlaubten Vergnügungen die Rede —. Was würde wohl Micius sagen, wenn er jetzt nach Deutschland käme und die sogenannten Vergnügungsorte, nicht nur der Vornehmen, sondern auch der arbeitenden Klasse, sähe? Es wäre der Noth der darbenden Armut bald ein Ende gemacht, wenn nicht durch die Vergnügungen und mancherlei Plunder die Mittel für Kleidung und Nahrung des Volkes vergeudet würden. Freilich schön ist gar vieles, am schönsten wären aber wohl die frischen und fröhlichen Gesichter des Volkes. Auch mit der Musik wird jetzt schon viel Unfug getrieben. Was hilft es, wenn die Hausfrau schöne Salonmusik schlecht spielen kann? Der einfache Gesang ist doch oft vorzuziehen. Die Kunstmusik lasse man den Künstlern. Es ist wirklich an der Zeit, nachzudenken über den wirklichen Nutzen der Musik, nicht überhaupt, sondern in den einzelnen Fällen und insbesondere für die Bürgerfamilien. Man wäge dagegen den Schaden ab. Es ist unproduktive Arbeit, Consum ohne entsprechende Reproduktion. Trotz alles Wahren, das die Kritik enthält, geht Micius aber doch zu weit. Als Erholung ist Musik gewiss von Werth; aber darauf sollte sie eben beschränkt sein und bleiben. Wie die beste Musik nicht die äusseren Leibesbedürfnisse befriedigen kann, so auch nicht die tieferen Anforderungen des Gemüths- und Geisteslebens.

Man vergl. Mencius §. 469—477 dessen Grundanschauung gewiss richtiger ist, als die des Micius.

33. und 34. Verurtheilung der Musik, Fortsetzung und Schluss, fehlen.

35.

Verurtheilung der Bestimmung.

„Dass die Regierung anstatt Reichtum Armut, anstatt Vermehrung der Einwohner deren Verminderung, anstatt Ordnung Verwirrung erlangt, hat seinen Grund im Festhalten an der Bestimmung unter dem Volke. Man sagt: Ist die Bestimmung auf Reichtum, so wird man reich; eben so ist's mit Armut, Volksvermehrung und Verminderung, Ordnung, Unordnung, langem oder kurzem Leben. Obgleich man sich kräftig gegen die Bestimmung sträubt, was hilft's!

Wer fest daran hält, dass es Bestimmung gibt, ist inhuman; deshalb muss die Sache deutlich besprochen werden. Die Beurtheilung von Richtig und Falsch, Nutzen und Schaden hat drei Merkmale: Ursprung, (37 steht: Prüfung und Nachweisbarkeit), Grund und Gebrauch. Der Ursprung ist im Altertum (36 steht zuerst: »man erforsche den Willen der himmlischen Geister«), Sache der heiligen Könige. Der Grund wird gefunden in der Objectivität der Ohren und Augen der 100 Geschlechter, der Gebrauch in der Aufstellung für Justiz und Verwaltung für den öffentlichen Nutzen.

Jetzt nehmen die Gebildeten und Edlen auch wohl an, die Bestimmung sei vortheilhaft. Dagegen sprechen die Verbesserungen des Reiches durch Thang und Wu. Galt etwa bei den alten heiligen Königen in Verfassung, Justiz und Armeebefehlen der Satz: Das Glück lässt sich nicht herlocken, das Unglück nicht fortdrohen, Ehrerbietung ist von keinem Gewinn, Willkür (Tyrannei) von keiner Schädigung?

Die Reden von Bestimmung stürzen die Gerechtigkeit, und der Umsturz der Gerechtigkeit setzt die Bestimmung ein. Dagegen sprechen die Handlungen Thang's und des Königs Wan, welche communistische Liebe und im Verkehr gegenseitigen Nutzen übten, den Himmel verehrten und den Geistern dienten. Diese (die Geister) bereicherten sie, die Fürsten ergaben sich ihnen, die 100 Geschlechter wurden ihnen anhänglich, die vortrefflich Gebildeten sammelten sich um sie; ehe eine Generation verging, waren sie Oberherren und regierten die Fürsten.

Belohnungen und Strafen sind von den heiligen Königen als Antriebe zur Vortrefflichkeit gebraucht worden, darum bemühte sich jeder Stand, Regent, Minister, Söhne, Brüder etc. seine Pflichten zu erfüllen. Die die Bestimmung festhalten, sagen: Belohnung und Strafe steht nach der Bestimmung fest; so werden diejenigen, welche nicht vortrefflich sind, belohnt, die nicht boshaft sind, bestraft, und es reisst überall Nachlässigkeit gegen Eltern und Brüder ein; Unordnung entsteht in den Dörfern, Burschen und Mädchen verkehren ohne Sonderung; die Verwalter stehlen und veruntreuen; die Stadtcommandanten empören sich (fallen ab); sie sterben nicht, wenn der Regent in Schwierigkeit kommt; sie folgen ihm nicht, wenn es in's Verderben geht. Die Bestimmung ist die Lehre tyrannischer Menschen. Anstatt bei Armut und Verkommenheit eifrig zu sein, den Geschäften nachzugehen, heisst es da: Mein Schicksal ist fest und zwar für Armut. Die tyrannischen Könige, welche ihre sinnliche Ausschweifung nicht zügelten, ihren Verwandten nicht folgten, ihren Staat und ihre Familie verdarben und verloren, beriefen sich auf das Schicksal und verstanden es nicht, zu sagen: Ich bin unfähig, treibe die Regierung nicht gut.

Die Gebildeten und Edlen, welche in Wahrheit des Reiches Reichtum und Ordnung wünschen und dessen Armut und Unordnung hassen, dürfen nicht dieses Gerede von Bestimmung (Schicksal) haben, dasselbe nicht unverurtheilt lassen. Das ist der grosse Schade für's Reich!

36.
Verurtheilung der Bestimmung.
(Fortsetzung.)

Wer Reden loslässt, die stylistisch gehalten sind, der kann nicht anders, als vorher die Gesetze zur Beurtheilung derselben aufstellen, sonst ist's, wie Morgen und Abend auf einer Drehscheibe herstellen wollen. Die drei Gesetze siehe Abschnitt 35. Was die Menge hört und sieht, wird existirend genannt, was Niemand hört und sieht, heisst nichtig. Nun hat noch Niemand die Bestimmung gesehen noch gehört. Sagt man, das Volk sei

dumm und unfähig, so sind die hinterlassenen Reden der Fürsten
zu untersuchen; auch da hat Niemand je die Stimme des
Schicksals gehört, noch seine Gestalt gesehen. Die alten heiligen
Könige gebrauchten Ermahnungen und Belehrungen, Belohnung
und Bestrafung. Auch die Dokumente beweisen, dass Thang
und Wu gegen Festhalten der Bestimmung durch die Tyrannen-
kaiser Erklärungen abgaben. Bestimmung ist von schlechten
Königen erfunden. Wollen jetzt die Gebildeten und Edlen des
Reiches Richtiges und Falsches, Nutzen und Schaden unterscheiden, so kann es nicht anders geschehen, als dass man eifrig
verurtheilt, dass es eine Bestimmung gebe.

37.
Verurtheilung der Bestimmung.
(Schluss.)

Friede und Gefahr, Ordnung und Unordnung, stehen in
Ausübung der Regierung von Seiten der Oberen, nicht in Be-
stimmung, sondern in Kraft (Freiheit). So war, was die alten
Könige geleistet haben, Kraft. (vgl. Licius Buch VI 1 ff).
Die braven Leute ehrten Vortrefflichkeit und liebten Verdienst-
lichkeit und Lehranweisungen.

Die Grossen müssen jetzt frühe Hof halten und sich spät
zurückziehen, sich der Rechtsprechung und Verwaltung widmen
ohne Ermüden. Weil sie sagen, durch kräftiges Wirken wird
Ordnung und Ruhe erzeugt, sonst nicht, darum strengen auch
die Statthalter die Kräfte der Glieder und die Erkenntniss der
Ueberlegung an, die verschiedenen Posten zu verwalten. So
ist's überall: wer sich anstrengt, wird vornehm, wer es nicht
thut, wird gering; wer sich anstrengt, wird herrlich, reich, satt,
warm; wer sich nicht anstrengt, das Gegentheil. Wer an das
Vorhandensein der Bestimmung glaubt, wird träge in seinem
Berufe; daraus entstehen alle schon erwähnten Uebelstände.
Die jetzt Humanität und Gerechtigkeit üben, sollten das künftig
wohl untersuchen und die Ansicht von der Bestimmung kräftiglich
verurtheilen."

Wir sehen, dass Micius hier die Schicksalsbestimmung
als Nothwendigkeit, wodurch die ethische Freiheit und
Zurechnungsfähigkeit der Menschen aufgehoben wird, entschieden verwirft. Darin steht Mencius auf seiner Seite.
(vgl. Mencius §. 86—90.) Immerhin leistete der Confu-
cianismus der Sache Vorschub durch Befragung der Schild-
kröte und der Pflanze Tschi (Schafgarbe?). Besonders jedoch
waren es die Taoisten, welche einen fest bestimmten Welt-
lauf annahmen, der leicht die Form des krassen Fatalis-
mus annehmen konnte. Wir werden in der Lehre des
Licius Beweise dafür finden. Eigentümlich ist, dass sich
dieselben Vorstellungen auch noch bis in die neueste Zeit
herab bei allen Völkern finden. Die moderne Weltanschauung
ist eine entschieden deterministische, ja man kann wohl sagen
fatalistische. Soweit die mechanische Erklärung der Ereignisse richtig ist, hat ja auch der Determinismus seine
Wahrheit und Berechtigung. Die Sache wird aber eben
dadurch bedenklich, dass man meint, Alles mechanisch
erklären zu können und der ethischen Freiheit den Boden
entzieht. Die Freiheit des Menschen ist allerdings eine
beschränkte, und es wäre Aufgabe der Wissenschaft, diese
Schranken genau zu bestimmen. Man könnte dabei sehr
gut rein historisch inductiv verfahren. Man würde damit
unwidersprechliche Beweise beibringen, bis zu welchem
Grade des Menschen freie Einwirkung auf die Natur dieser
den menschlichen Stempel aufgeprägt hat. Es ist das ja
Sache der Culturgeschichte, aber dieselbe sollte eben im
Blicke auf das vorliegende Problem behandelt werden.

Auch noch heute gilt es, die sittliche Kraft aufzu-
rufen zum Kampfe gegen ein sogenanntes Geschick, denn
dieses persönliche Geschick beruht zum grossen Theile auf
innerem und persönlichem Ungeschick. Das Verhalten der
Menschen ist der hauptsächlichste Faktor für das sociale
Wohl und Wehe im Leben. Jede Arbeit ist dadurch ethisch
in sich selber, obschon sie nach ihrem Inhalte und ihrer
Wirkung beurtheilt werden muss.

38. Verurtheilung der Orthodoxen fehlt.

39.

Verurtheilung der Orthodoxen.

(Schluss.)

„Die Trauerzeit ist schon in den Abschnitten 6 und 25 besprochen. Einen Widerspruch findet Micius darin, dass für die Kinder des Weibes länger getrauert wird, als für solche der eigenen Eltern. Der persönliche Empfang des Weibes geschieht in feierlichster Weise, wie man einen strengen Vater empfängt; die Hochzeitsfeier wird gehalten, wie wenn man Opfergaben empfinge; wie kann das Pietät heissen?

Das kräftige Festhalten an der Bestimmung für alle Begegnisse (die üblen Folgen 35—37).

Die Lehre der Orthodoxen geringschätzt die Leute des Reiches, die pompösen Gebräuche machen sie ausschweifend, lange Trauer und erheuchelte Betrübniss betrügt die Verwandten. Die Orthodoxen sagen: ›Die Edlen müssen sich beugen vor den Aussprüchen des Altertums‹, dann sei es human. Dagegen gilt, dass das Altertum auch einmal neu war, so dass man das Gegentheil nachahmt von dem, was man will. Auch wird behauptet, der Edle wandelt voran, aber arbeitet nicht. Dagegen stehen die Namen der Männer des Altertums, welche Bogen, Helme, Wagen, Schiffe verfertigten. Auch sagen sie: Siegt der Edle, so verfolgt er die Fliehenden nicht, er schiesst nicht auf die Eingeschlossenen, hilft denen, die sich ergeben, auf den Wagen. Dagegen: Damit erlangen tyrannische Aufrührer das Leben. Humane kämpfen überhaupt nur mit Gründen und folgen der Weisheit und dem Guten, so dass kein Kämpfen stattfindet. Auch heisst es: Der Edle ist wie eine Glocke, schlägt man sie an, so tönt sie, sonst nicht. Dagegen: Der Humane ist dienstbeflissen gegen die Oberen und gegen die Eltern. Streben nach dem Guten findet er schön, Vergehen lässt er nicht durchgehen, während, wer Antrieb braucht, sein Gutes verbirgt, selbstisch ist."

Dann folgt noch das Urtheil des Ngantsi über Confucius und einzelne Züge aus dem Leben des Confucius, welche uns hier nicht weiter interessiren. Die folgenden

Abschnitte bieten keine neuen socialistischen Gedanken mehr. Eigentümlich ist der Canon von Begriffsbestimmungen in den Abschnitten 40—43 und die detaillirte Beschreibung der militairischen Bereitschaft, Abschnitte 49—71.

Dieser letzte Abschnitt mag als Probe dienen der Stellung, welche die Socialisten gegen die damaligen Orthodoxen einnahmen. Wir sehen, dass diese Confucianer ein ganz anderes Bild zeigen, als wir von Mencius entworfen sehen. Man vergleiche z. B. die Lehre des Mencius vom Anstand §. 173 ff. dann besonders seine Lehre vom Staatsbeamten §. 375 ff. Dennoch können wir Micius vom Vorwurfe der Uebertreibung freisprechen nach den Auslassungen eines andern Confucianers, des Philosophen Siuen (Suen), über eine Richtung der orthodoxen Schule, als deren Haupt Tsi Tschang erscheint, welche ganz und gar im Rituellen aufging (vergl. Quellen zu Conf. p. 22). Dann auch noch Tsi Hia, der mit dem eben Genannten nahezu übereinstimmte: Tsi Yeu dagegen begnügte sich mit der reinen Lehre, ohne dieselbe eine Triebkraft für sein Leben werden zu lassen. (p. 23.) Mencius in seiner Polemik gegen den Socialismus hatte ebenfalls nicht den Micius selber sich gegenüber, sondern dessen Schüler und Anhänger, welche ebenfalls von den Lehren, wie wir sie in dem hier behandelten Werke des Micius vorliegen haben, bedeutend abwichen. Es darf dies nicht Wunder nehmen. Man denke an die neuesten Erfahrungen, Hegel und seine Schule, St. Simon und die späteren Socialisten. —

Der alte chinesische Socialismus erfasst nach obigen Darlegungen das sociale Leben viel allseitiger als das vom modern deutschen geschieht. Seine Lehre machte auch Eindruck auf die Zeitgenossen und fand viele Anhänger. Auf welche Weise der Hauptgegner der socialistischen Lehre dieselbe bekämpfte und besiegte, das wird der aufmerksame Leser leicht erkennen aus der Lehre des Mencius die man gefälligst vergleichen möge.

Zeitfracht Medien GmbH
Ferdinand-Jühlke-Straße 7
99095 Erfurt, Deutschland
produktsicherheit@kolibri360.de